इस बस्ती में क्या रखा है

इस बस्ती में क्या रखा है

रघुनन्दन शर्मा 'तुषार'

वाणी प्रकाशन

वाणी प्रकाशन

4695, 21-ए, दरियागंज, नयी दिल्ली 110 002

शाखा

अशोक राजपथ, पटना 800 004

फ़ोनः +91 11 23273167 फ़ैक्सः +91 11 23275710

www.vaniprakashan.in
vaniprakashan@gmail.com

IS BASTI MEIN KYA RAKHA HAI
by Raghunandan Sharma 'Tushar'

ISBN : 978-93-5072-507-8
Poetry

प्रथम संस्करण
मूल्य : ₹ 125

न्यू कृष्णा ऑफ़सेट, दिल्ली-110 093 में मुद्रित

वाणी प्रकाशन का लोगो मक़बूल फ़िदा हुसेन की कूची से

शीतलता ने बहुत अगन दी अंगारों ने प्यार किया
काँटों ने तो गले लगाया कलियों ने दुत्कार दिया।

–तुषार

मेरी बात

'हिमज्वाल' रचना के दौरान 'इस बस्ती में क्या रखा है' सहज भाव से अति वेग से मेरे भावों को समेटती रही। मानव मूल्यों की पीड़ा को अभिव्यक्ति देने की कोशिश करती रही। मन की कचोटन का खिंचाव मुझे हमेशा बेचैन करता रहा। तभी तो ये मन पार देखने की याचना करता रहा। आग से शीतलता की कामना करता रहा। अपना द्वार बन्द पाकर भी उसके खुले द्वार को निहारता रहा। प्यार की अनुभूति पायी, फिर भी जीवन ने दुत्कार देखा। खुद में उसका स्वरूप देखते-देखते जीवन ने मेरा स्वरूप देखा। साँसों के साधन सीमित होते हुए भी मैं इस जगत में थोड़ी देर के लिए ही सही रच-बस जाना चाहता हूँ। चाहे ये दुनिया पूर्णतः मेरी नहीं है। इस दुनिया से अपेक्षा कैसी? खुद का खून भी धमनियों को भूलता जा रहा है, दुत्कारता आ रहा है। सहज सम्प्रेषण समाप्त होता जा रहा है। अब ध्वनि की यहाँ प्रतिध्वनि नहीं होती। स्वार्थपरक घोड़े पर मन सदैव सवार होने को आतुर रहता है।

ये दर्द ही है जो कविता रूप में आग तो देता है मगर ठण्डी। अब रिश्ते बदल गये हैं, उनके अर्थ भी बदल गये हैं। बरगदों में पौधों को खोखलापन नजर आने लगा है जिनके साये में वे पलते हैं।

मन का अकुलाना किसी को क्यों भाएगा। संवेदनहीनता से आखिर अपेक्षा की भी नहीं जा सकती। ये उमड़ती-घुमड़ती छटपटाहट मुझे चैन नहीं लेने देती। पीड़ा बनकर मुझसे फूटती रहती है। शब्द भावों को अपने में समेटे हुए मुझे ऐसी जगह ले जाना चाहते हैं, जहाँ केवल संवेदना हो और कुछ भी न हो। मैं ऐसे ही क्षणों में जीना चाहता हूँ। उनमें बसना चाहता हूँ। भाव विन्यास को शब्दों का सहारा चाहिए था, जो 'इस बस्ती में क्या रखा है' के रूप में मिला।

आपको ये कहने का अधिकार है कि इन कविताओं में पग-पग पर विरोधाभास दर्शित होता है। आप यह भी कह सकते हो कि इनमें नैराश्य झलकता है। जीवन की वास्तविकता अगर नैराश्य है तो हुआ करे, इसमें दोष ही क्या है। भाव बन्धन उन नैराश्य से भरे क्षणों को तोड़ देना चाहता है। विपरीत परिस्थितियों में मन साम्य साधक बनना चाहता है। उन परिस्थितियों को खोजता है, उन्हें पाता भी है पर मन

है कि उनमें समाता नहीं है। जीवन की अविरल धारा में बहता हुआ भी किनारे पर कहीं भटक जाना चाहता है, अटक जाना चाहता है। सोचता है बहते-बहते सागर में समा जाने पर भी इस बात का क्या विश्वास है कि पूर्णतः पा जाने में वो सफल होगा ही।

इस काव्य संग्रह से पहले मेरे तीन काव्य संग्रह 'ओरिकुला', 'मकरंद' और 'हिमज्वाल' प्रकाशित हो चुके हैं, जो तीनों ही मुक्त छन्द में हैं। सोचा क्यों न 'इस बस्ती में क्या रखा है' छन्दबद्ध होकर आये। छन्दनाद उस धारा के समान है, जो बहते-बहते कभी ऐसी अनुभूति देता है कि वो रुक गयी है। पर वह तो वो धारा है जो अवरुद्ध होते-होते भी निरन्तर बहती रहती है। यदि 'इस बस्ती में क्या रखा है' में कहीं कोई ऐसी स्थिति आपको दिखाई दे तो इसका अर्थ यह नहीं कि भावात्मक लय की लड़ियाँ टूट गयी हैं। भावना का वैसे भी कोई रूप-आकार नहीं होता, वह केवल अनुभूति होती है, केवल अनुभूति।

रचनाप्रक्रिया अपनी जगह है, उसे मूर्त्तरूप में आना और बात है। मेरी जीवन संगिनी उषादेवी ने भी समय-समय पर मुझे बहुमूल्य सुझाव इस रचना को साकार होने के लिए दिए। मेरे परममित्र डॉ. गोविन्द व्यास ने भी इस परिकल्पना को साकार करने में मुझे पूर्ण सहयोग दिया। श्री मधुकान्त वत्स ने हस्तलिखित लिपि को कम्प्यूटर की सहायता से मुद्रण योग्य बनाया। 'वाणी' का भी आभारी हूँ जिसने इसे प्रकाश दिखाया।

मैं नहीं कह सकता कि 'इस बस्ती में क्या रखा है' आपको हर्षाएगी या उद्वेलित करेगी। लेकिन आपके बहुमूल्य सुझाव मुझे अगली रचना के लिए प्रेरित करते रहेंगे इसमें सन्देह नहीं है।

नयी दिल्ली
26 जनवरी, 2013

रघुनन्दन शर्मा 'तुषार'
28, द्वितीय तल
युसूफ सराय
(ग्रीन पार्क विस्तार)
नयी दिल्ली-110016

अनुक्रम

किस बन्धन ने मुझे कसा है

हर पल अभिलाषा लेकर मेरे मन में रचा बसा है,
समय ने मुझको इतना बाँधा किस बन्धन ने मुझे कसा है।

मानव मूल्य क्षीण हो गये, अब बातों में नहीं गहराई,
मानवता जब विमुख हुई तो दानवता मन मुस्काई।
जीवनदान मिले ना मिले, जीवन ने ही मुझे डसा है,
समय ने मुझको इतना बाँधा, किस बन्धन ने मुझे कसा है।

दूर किनारे पर खड़े-खड़े सारे मुझको निरख रहे हैं,
डूबती हुई वस्तु बना मैं, कब डूबूँगा परख रहे हैं।
जिस भाग पर इतराता था, अट्टहास कर वही हँसा है,
समय ने मुझको इतना बाँधा, किस बन्धन ने मुझे कसा है।

लौ जीवन से लगी हुई है, जीवन का आधार नहीं मैं,
इस भीड़ में चलकर आया, डर है अब खो जाऊँ कहीं मैं।
क्यों दीपदान करने वाले के, घर में दीपक नहीं चसा है,
समय ने मुझको इतना बाँधा, किस बन्धन ने मुझे कसा है।

हरा भरा भूभाग आज भी, बना हुआ है दलदल सारा,
जिससे जीवन में आशा थी निकला वही क्यों हत्यारा।
कदम जहाँ पर मन से रखा, जाने क्यों वो वहाँ धँसा है,
समय ने मुझको इतना बाँधा, किस बन्धन ने मुझे कसा है।

मन बन्धन को समझ न पाया, कितना उसको समझाया,
जितना गले लगाना चाहा, उतना ही वो अकुलाया।
पगला मन यहाँ आकर के देखो कैसे कहाँ फँसा है,
समय ने मुझको इतना बाँधा, किस बन्धन ने मुझे कसा है।

तेरा द्वार देखा

दु:खों का न अन्त देखा, दु:खों का न पार देखा,
जग का हर पल बदलता, मैंने बस व्यवहार देखा।

कचोटन मन की मुझको अपनी ओर खींचती है,
जाने किस नीर से वो नैनों को मेरे सींचती है।
मन से बँधा हुआ, भीना सा अदृश्य मैंने तार देखा,
जग का हर पल बदलता, मैंने बस व्यवहार देखा।

जीवन की झिलमिलाहट में, मैंने मेरा रूप देखा,
रूप देखते देखते फिर, उसका भी स्वरूप देखा।
स्वरूप में अपने जीने का, एक नया आधार देखा,
जग का हर पल बदलता, मैंने बस व्यवहार देखा।

मैं मन के भी पार देखूँ, दृष्टि ऐसी दान दे दो,
मैं चाहे पामर हूँ पर, फिर भी तुम सम्मान दे दो।
मैं स्वयं में बँधा था पर, खुला तेरा द्वार देखा,
जग का हर पल बदलता, मैंने बस व्यवहार देखा।

अब मैं यहाँ से जा रहा हूँ, चलो तुम्हें सहलाता जाऊँ,
तुमसे बातें करते करते, स्वयं को बहलाता जाऊँ।
प्यार की अनुभूति पाकर, जीवन ने दुत्कार देखा,
जग का हर पल बदलता, मैंने बस व्यवहार देखा।

यदि आग शीतलता दे तो, पानी से फिर नाता कैसा,
माना मैं भिखारी हूँ पर, उनको दिखता दाता जैसा।
खाते-पीते लोगों का अजब सा संसार देखा,
जग का हर पल बदलता, मैंने बस व्यवहार देखा।

पीर का परिणाम प्यारे

जानता हूँ मैं अपनी, पीर का परिणाम प्यारे,
हमको अक्सर दिन में भी, दिखे हैं कितने ही तारे।

तुम्हारे यहाँ आने पर भी, क्या कभी मैं बच पाऊँगा,
साँसों के सीमित साधन से, क्या पूरा मैं रच पाऊँगा।
जीवन यहीं पर छूट जाएगा, रह जाएँगे अभिमान सारे,
जानता हूँ मैं अपनी, पीर का परिणाम प्यारे।

कई बार ऐसा हुआ है, अँधियारा जब भी गहराया,
उजियारे ने मुँह मोड़ा तो, अँधियारे के मन मैं भाया।
उजियारे के पास खड़ा मैं, उसके था सुनसान द्वारे।
जानता हूँ मैं अपनी, पीर का परिणाम प्यारे।

कल तक उन्मादी बनके, ताण्डव नृत्य मैंने किया था,
अपने में ही मस्त होकर, जी भर के मैं खूब जिया था।
अब दुःखों को देखता हूँ कितने उसके आयाम सारे,
जानता हूँ मैं अपनी, पीर का परिणाम प्यारे।

सरिता जीवन में बहती थी, ले शीतल कलकल धारा,
कई चाँद थे, कई सूर्य थे, कोई न था धुँधला तारा।
अब जीवन नद सूख चुका है, टूटे फूटे बचे किनारे,
जानता हूँ मैं अपनी, पीर का परिणाम प्यारे।

दीन-हीन होकर के जीना, कभी मुझको मान्य नहीं है,
जी रहा हूँ तो क्या हुआ, जीवन पर अहसान नहीं है।
धरे हुए हैं, धरे रहेंगे, जीवन के अरमान सारे।
जानता हूँ मैं अपनी, पीर का परिणाम प्यारे।

चलो इतना कह देता हूँ, तुमसे मिलके मैं सुखलाया,
तुम पराये थे फिर भी, स्वयं को तुममें ही पाया।
अब मन से कहता हूँ, सुख के हरजाई मीत सारे,
जानता हूँ मैं अपनी, पीर का परिणाम प्यारे।

इस बस्ती में क्या रखा है

तूने बहुत गरल पीया पर, अमृतकण कहाँ चखा है,
दूर बनाले अलग बसेरा, इस बस्ती में क्या रखा है।

उस दुनिया से आशा लेकर, तू इस बस्ती में आया है,
पता नहीं था चलन यहाँ का, तू मन ही मन भरमाया है।
जब घट में अमृत भरा था, क्यों फिर विष का स्वाद चखा है,
तूने बहुत गरल पीया पर, अमृतकण कहाँ चखा है।

भीड़ को तूने अपना समझा, तन्हाई तेरे साथ रही,
दिन में जितना उजियारा था, अँधेरी उतनी रात रही,
कान्धा जिसने पकड़ा तेरा, दिया उसी ने धक्का है,
तूने बहुत गरल पीया पर, अमृतकण कहाँ चखा है।

सामान अपना कब तक सँभाले, चोरों की इस बस्ती में,
खुदगर्जी को साथ लिए, नाच रहे सब मस्ती में।
साहूकार जो खुद को कहता, सबसे बड़ा उचक्का है,
तूने बहुत गरल पीया पर, अमृतकण कहाँ चखा है।

अकेला जब कभी यहाँ से, अपने घर तू जाएगा,
रास्ते के पत्थरों से क्या, प्यार कभी तू पाएगा।
भावनायें शून्य हो गयीं, ठहरा जीवन चक्का है,
तूने बहुत गरल पीया पर, अमृतकण कहाँ चखा है।

ये जो तेरे साथ खड़े हैं, कभी न तेरे बन पाएँगे,
तू जो इनको अपना कहता, सुनते ही सब तन जाएँगे।
छोड़ इन्हें तू, हटा परे, विश्वास इसी में पक्का है,
तूने बहुत गरल पीया पर, अमृतकण कहाँ चखा है।

किस धर्म की बात करे तू, धन्धों के सब साधन हैं,
सब कुछ मिथ्या है खोखला, हाँ चरणों में उनके धन है।
छोड़ जगत के जंजालों को, इसी में मन्दिर-मक्का है,
तूने बहुत गरल पीया पर, अमृतकण कहाँ चखा है।

दम्भ-द्वेष के ताने बाने

सब्र करे और कुछ न बोले, जीवन कैसे कट जाएगा।
धार नदी की सूख जाएगी, और किनारा कट जाएगा।

मेरी खामोशी में भी अब, दबी हुई चिंगारी है,
जलना मुझको भी आता है, पर बुझने की तैयारी है।
किसे पता था हर पल जीवन, कई भागों में बँट जाएगा,
धार नदी की सूख जाएगी, और किनारा कट जाएगा।

एक आग की चिंगारी ने, सारे जग को आग लगाई,
राख की ढेरी के नीचे वो, सुगबुगा के अकुलाई।
राख का भी मोल बहुत है, किसने कहा घट जाएगा,
धार नदी की सूख जाएगी, और किनारा सट जाएगा।

नाम, धाम, धन बटोरने में कैसी होड़ सी लगी हुई,
सोई जिन्दगी रातों में भी, आँखें फोड़ती जगी हुई।
उमड़—घुमड़ के उड़ता बादल बातों में ही फट जाएगा।
धार नदी की सूख जाएगी, और किनारा कट जाएगा।

रिश्तों की लड़ियों में देखो, कई लड़ियाँ ढीली निकलीं,
गुलाब के गलियारों में, कई कलियाँ पीली निकलीं।
किसे पता था झोंका हवा का, दोनों को ही पट जाएगा,
धार नदी की सूख जाएगी, और किनारा कट जाएगा।

दम्भ-द्वेष के ताने बानों ने सबको कितना जकड़ लिया,
समझौता हो कैसे उनमें, जब उसने ही पकड़ लिया।
समय बड़ा बलवान होने का, गीत फिर वो रट जाएगा।
धार नदी की सूख जाएगी, और किनारा कट जाएगा।

हर पल डर ले

जीवन ज्योत जले जब तक, जीवन में उजियारा भर ले,
खाली मन के कोने में, एक चमकता तारा धर ले।

माना आग उगलती दिशाएँ, तभी तो अम्बर रोता है,
जग का जग से नाता टूटे, ऐसा कब-कब होता है।
छोड़ नहीं, बाकी रख, अब निज कर्म सारा कर ले,
खाली मन के कोने में, एक चमकता तारा धर ले।

दिव्य गगन में मस्त मगन हो, धरा धैर्य धारिणी बनी,
आज मेरे तन-मन में आके, विवशता क्यों चारिणी बनी,
निर्भीक चाहे कितना हो जा, दुष्कर्मों से हर पल डर ले,
खाली मन के कोने में, एक चमकता तारा धर ले।

ओढ़ के जामा सभ्यता का, असभ्य सभ्य कहलाते हैं,
औरों का मन, धन मार के, निज मुराद फिर पाते हैं।
दर्द समेटे आँसू बन जा, फिर उसकी आँखों से झर ले,
खाली मन के कोने में, एक चमकता तारा धर ले।

जो पीड़ा का हरण करे, वो पीड़ा तारक बन जाता,
बिन माँगे ही मिले मुरादे, औरों को है सुखलाता।
भार बहुत है माना तुझपे, औरों का भी भार लू हर ले,
खाली मन के कोने में, एक चमकता तारा धर ले।

मरना जीना हाथ नहीं तेरे, माना ये है सच्चाई,
जिन्दगी जो मिली है तुझको, क्या वैसे ही है आई।
अपने लिए बहुत जिया, अब औरों के लिए भी मर ले,
खाली मन के कोने में, एक चमकता तारा धर ले।

किस माया को मन से जोड़ूँ

जिस डगर को पकड़ चला मैं, उस डगर को कैसे मोड़ूँ,
मन जब मेरा विकल हो गया, किस माया को मन से जोड़ूँ।

माया का यदि मोह छा गया, क्यों न पामर कहलाऊँगा,
दारुण दुःख के सागर में भी, क्यों न स्वयं को मैं पाऊँगा।
किस बिस्तर पर पाँव पसारूँ, किस चादर को अब मैं ओढ़ूँ
मन जब मेरा विकल हो गया, किस माया को मन से जोड़ूँ।

सुन्दरता को आँखों ने क्यों, अपने से यूँ दूर किया है,
जिह्वा ने जब चाहा बोलना, होठों ने क्यों खुद को सिया है।
कानों का अब क्या करूँ मैं, क्या आँखें मैं अपनी फोड़ूँ,
मन जब मेरा विकल हो गया, किस माया को मन से जोड़ूँ।

मृग-मरीचिका मन में आयी, मैंने उसको अपना जाना,
जो न रही कभी स्वयं की, क्यों मैंने उसे अपना माना।
स्वयं नहीं रुका जगत में, किसको पकड़ूँ किसको छोड़ूँ,
मन जब मेरा विकल हो गया, किस माया को मन से जोड़ूँ।

थकान मिली तो ऐसी मिली, शरीर को इसने छोड़ा,
आगे जब जब बढ़ना चाहा, रोक लिया जब भी मैं दौड़ा।
थकान मुझे जब खींचे पीछे, तो अब आगे कैसे दौड़ूँ,
मन जब मेरा विकल हो गया, किस माया को मन से जोड़ूँ।

मैंने उसका, उसने मेरा, आपस में जाने क्या छीना,
यहाँ मृत्यु के बाहुपाश में, ऐसा जीना भी क्या जीना।
सरल डगर पर चल नहीं पाया, कठिन डगर पर कैसे दौड़ूँ,
मन जब मेरा विकल हो गया, किस माया को मन से जोड़ूँ।

शीतलता ने बहुत अगन दी, अंगारों ने प्यार किया,
काँटों ने तो गले लगाया, कलियों ने दुत्कार दिया।
जब उजियारे ने नहीं अपनाया, अँधियारे को कैसे छोड़ूँ,
मन जब मेरा विकल हो गया, किस माया को मन से जोड़ूँ।

राख से जलना सीखा

नींद गहन थी, गहन नींद में, आँखों को यूँ मलना सीखा,
जिस आग ने राख बनाया, उसी राख से जलना सीखा।

चिंगारी ने चीर तिमिर को, अँधियारे को पाट दिया है,
जीवन जिससे बँधना चाहे, उस बन्धन को काट दिया है।
इन डगो को कैसे छोड़ूँ, जिन्होंने हरदम चलना सीखा,
जिस आग ने राख बनाया, उसी राख से जलना सीखा।

दिव्य किरण है, तेज धारित्रि, आग को बस पाती आयी,
जो छूटना चाहे उससे, वह उसे अपनाती आयी।
माटी तो बस रहेगी माटी, चाहे उसने गलना सीखा,
जिस आग ने राख बनाया, उसी राख से जलना सीखा।

आँसुओं को क्या मोल लगाएँ, आँसू की आगर आँखें,
चाहे हँस ले, चाहे रो ले, दुनिया को एकटक है झाँके।
आँसू का स्वभाव ही है, आँखों से नित ढलना सीखा,
जिस आग ने राख बनाया, उसी राख से जलना सीखा।

हृदय का विश्वास करें क्या, सत्य-असत्य का है गामी,
रुदन-हास्य को साथ लेकर, जग का बना न अनुगामी।
पाप-पुण्य साथ लेकर के, पाप-पुण्य में पलना सीखा,
जिस आग ने राख बनाया, उसी राख से जलना सीखा।

सुख का सार समझ नहीं पाया, ताल से बेताल रहा,
बेसुरी धुन केवल धारी थी, अपने मन में ढाल रहा।
गिरने को तो गिर ही गया था, गिर के फिर सँभलना सीखा,
जिस आग ने राख बनाया, उसी राख से जलना सीखा।

हम बहते रहते धारे

बूँद-बूँद में ठहरा पानी, कहता बहते रहते धारे,
ऐसा बहना भी क्या बहना, टूट जाएँ जो दोनों किनारे।

है बर्फ की चिर अभिलाषा, धरा धवलधारी हो जाए,
बूँद-बूँद उल्लासित होकर, माटी कण-कण में खो जाए।
चलो थोड़ी देर के लिए ही, सो जाएँ जलते अंगारे,
ऐसा बहना भी क्या बहना, टूट जाएँ जो दोनों किनारे।

अभिलाषा का अन्त न देखा, मरी नहीं कभी हत्यारी,
छवि एक सी पायी उसने, जो नहीं कहीं कभी भी हारी।
सब जगह वास करती है, नगरी-नगरी द्वारे-द्वारे,
ऐसा बहना भी क्या बहना, टूट जाएँ जो दोनों किनारे।

राग-द्वेष यदि कट जाए तो, कोई अपना है न पराया,
कोई चला जाए यहाँ से, या चल कर है कोई आया।
नैन फिर भी नैन है, देख उन्हें अब नैन बिसारे,
ऐसा बहना भी क्या बहना, टूट जाएँ जो दोनों किनारे।

जैसा तूने जब-जब चाहा, जीवन को आकार मिला,
भले ही थोड़ी देर मिला, पर सुखलाता संसार मिला।
जहाँ न था कोई अपना, फिर भी थे अपने ही सारे,
ऐसा बहना भी क्या बहना, टूट जाएँ जो दोनों किनारे।

इठलाती नदिया से कह दो, मौसम गर्म बहुत है आगे
जाने किस बन्धन से बँधना, जाने किस से बँधे हैं धागे।
डर है कहीं सूख न जाए, तेरे निर्मल प्यारे धारे,
ऐसा बहना भी क्या बहना, टूट जाएँ जो दोनों किनारे।

दुःखों का विस्तार कर

कितना भी तूने मुझे सताया, अब थोड़ा सा प्यार कर,
या तो मुझे सुख दे दे, या दुःखों का विस्तार कर।

थोड़े सुख और ज्यादा दुःख से माना जीवन भर जाता है,
सुख को पाकर मूरख मनवा, दुःख से कितना डर जाता है।
ना तन चंगा, ना मन गंगा, पूरा मुझे बीमार कर,
या तो मुझे सुख दे दे, या दुःखों का विस्तार कर।

घोर अँधियारा एक किरण से, देखो कितना डर जाता है,
क्या कर पाये प्रकाशपुंज, एक दीया जो कर जाता है।
या तो उसे तू मृत्यु दे दे, या उसका उद्धार कर,
या तो मुझे सुख दे दे, या दुःखों का विस्तार कर।

आग लगा के देखे मेला, दुनिया में ये होता है,
फूल की चाह मन में पाले, तू काँटे क्यों बोता है।
किसने दिया अधिकार तुझे, न जीवन यूँ बेकार कर,
या तो मुझे सुख दे दे, या दुःखों का विस्तार कर।

नहीं डूबता अब कोई आकर, निज नातों की गहराई में,
जो शिखर पर चढ़े हुए थे, गिर कर मर गये खाई में।
चलो देवता नहीं हो माना, पर मानव सा व्यवहार कर,
या तो मुझे सुख दे दे, या दुःखों का विस्तार कर।

उस वीराने में भी देखना, फूल कोई खिल जाएगा,
चाहे आज अकेला है तू, कोई कहीं मिल जाएगा।
लज्जित बहुत हुआ स्वयं से, लोकलाज से अब क्या डर,
या तो मुझे सुख दे दे, या दुःखों का विस्तार कर।

भयावह जग की भीर

चलो हटो अब मैं चलता हूँ, कैसे नैना कैसा नीर,
तन मेरा क्यों रहे यहाँ जब, मन चलने को हो अधीर।

छोड़ दे इस धरा को अब, टूटा जिसका ताना-बाना,
रुदन हृदय में जब गहराता, क्या अट्टाहास क्या मुस्काना।
उद्वेलित क्यों हुआ है इतना, कैसे धरे अब मनवा धीर,
तन मेरा क्यों रहे यहाँ जब, मन चलने को हो अधीर।

तुम मुझे क्यों ले जाते हो, कौन नगर तुम ले जाओगे,
मैं तो पहुँचूँ या न पहुँचूँ, बीच डगर तुम खो जाओगे।
सुख नहीं दिया मैंने कभी कभी भी, पल में दे दी कितनी पीर,
तन मेरा क्यों रहे यहाँ जब, मन चलने को हो अधीर।

इस ओर का साथ तुम्हारा, अच्छा था चाहे थोड़ा था,
अर्पण कर दिया सारा मुझ पर, जो कुछ तुमने जोड़ा था।
सहेज के रखा तुमने मुझको, बहुत भयावह जग की भीर,
तन मेरा क्यों रहे यहाँ जब, मन चलने को हो अधीर।

उस ओर का पता नहीं है, कौन कहाँ कैसा पाऊँ,
डगर डगर में फूल खिलेंगे या काँटो के मन भाऊँ।
अँधियारा घना था देखूँ, या दिव्य किरण आएगी चीर,
तन मेरा क्यों रहे यहाँ जब, मन चलने को हो अधीर।

अब तो हाथ हिला करके भी, नहीं अभिवादन कर सकता हूँ,
मुस्कान तो छूटी कभी की, नयन नीर से न भर सकता हूँ।
मैं समय में विलुप्त हो गया, समय अब क्यों मारे तीर,
तन मेरा क्यों रहे यहाँ जब, मन चलने को हो अधीर।

लड़ी आँसू की

एक लड़ी आँसू की मेरे, दुःख-दर्द को धो जाती है,
विलुप्त हो अनजान जगह में, जाकर के फिर सो जाती है।

एक छोटी सी चिंगारी जो, बस्ती में है आग लगाती,
कोई जले न जले फिर भी, जलाने का है अलख जगाती।
विस्मृत हो फिर दावानल में, अनायास ही खो जाती है,
विलुप्त हो अनजान जगह में, जाकर के फिर सो जाती है।

जब चलें हवाएँ वासंती, दिशाएँ सुध-बुध खो देती हैं,
उन्मुक्त चराचर हो जाता, प्राण उनमें बो देती हैं।
कोई उसका बने न बने, पर वो सबकी हो जाती हैं,
विलुप्त हो अनजान जगह में, जाकर के फिर सो जाती हैं।

निद्रासन पर नींद न आये, ऐसा अक्सर हो जाता है,
एक तार आँसू का भी, सारे जग को धो जाता है।
कतराती है नींद आने को, जाने कहाँ वो सो जाती है।
विलुप्त हो अनजान जगह में, जाकर के फिर सो जाती है।

नातों का ना हुआ कभी तू, फिर भी मोह बढ़ा जाता है,
पैरों तले समतल धरा पर, किस गड्ढे में गढ़ा जाता है।
चाहे जुड़े या फिर टूटे, बस आह मन की हो जाती है,
विलुप्त हो अनजान जगह में, जाकर के फिर सो जाती है।

चिंगारी को समेटना तेरा, अब जीवन आधार बना,
मेरी समझ में नहीं आता, कैसा है ये प्यार अपना।
चिंगारी क्या जीवन की, ज्योत कभी जोह पाती है,
विलुप्त हो अनजान जगह में, जाकर के फिर सो जाती है।

जाने क्यों जलता रहता हूँ

मैं वो दर्द हूँ जो सीने में अन्दर ही पलता रहता हूँ
तरुवर की शीतल छाया में, जाने क्यों जलता रहता हूँ।

ऐसा नहीं मेरे भीतर भी, दावानल नहीं धधक रहा,
हृदय पीड़ित है परायेपन से रह रहकर वो फफक रहा।
मैं विश्राम की चाह लिए, जाने क्यों चलता रहता हूँ,
तरुवर की शीतल छाया में, जाने क्यों जलता रहता हूँ।

हर क्षण आके आग लगाते, जिनका मुझ से नाता है,
मेरे मन में चुभन हुई जब, मन उनका सुखलाता है।
मैं आँधी झक्कड़ में फँसा हुआ क्यों आँखें मलता रहता हूँ,
तरुवर की शीतल छाया में, जाने क्यों जलता रहता हूँ।

की कामना हिम की मैंने तो दहकते अंगारे मिले,
दुःख धार कल-कल करती, उसके कई किनारे मिले।
उगता सूरज नहीं मैं माना, आँसू बन ढलता रहता हूँ,
तरुवर की शीतल छाया में, जाने क्यों जलता रहता हूँ।

मैंने कभी चाह नहीं की, उनसे मुझे अनुराग मिले,
सीना जब-जब खोला मैंने, उसमें गहरे दाग मिले।
सूरत सीरत भली है मेरी, क्यों उनको खलता रहता हूँ।
तरुवर की शीतल छाया में, जाने क्यों जलता रहता हूँ।

हँस-हँस के बातें बतियाते, मुझको दर्द दिये जाते हैं,
थोड़ी सी गर्माहट तन में, रह-रह सर्द किये जाते हैं।
मेरी अपनी धारा है, फिर किस धार पर रलता रहता हूँ,
तरुवर की शीतल छाया में, जाने क्यों जलता रहता हूँ।

जलते अगन के द्वार

अँधियारे के आँचल में, कभी नहीं उजियारे मिले,
रात ऐसी आयी न पूछो, न चाँद मिला, न तारे मिले।

दिन को मैंने भुला दिया था, रात सुनहरी आएगी,
शीतलता को लिए साथ में, मुझ पर फिर छा जाएगी।
पर मैंने जहाँ खुद को पाया, जलते अगन के द्वारे मिले,
रात ऐसी आयी न पूछो, न चाँद मिला, न तारे मिले।

अँधियारे को दोष दिया था, उजियारे की चाहत में,
एक अनोखा दर्द मिला, हमें सहमी-सहमी राहत में।
दर्द द्वार पर जले दीप भी, हमको कितने न्यारे मिले,
रात ऐसी आयी न पूछो, न चाँद मिला, न तारे मिले।

क्या मैं तुमसे बात करूँ, दुनिया की रस्म अदाई की,
भाव का बन्धन टूट चुका है, बने न भाई-भाई की।
जिनको फूल समझ बैठा, जलते हुए अंगारे मिले,
रात ऐसी आयी न पूछो, न चाँद मिला, न तारे मिले।

भीड़ को अपना समझ बैठा, खुद को खुद से खो डाला,
पता नहीं कैसे हो गया, इतना बड़ा गड़बड़ झाला।
एक तू ही नहीं मिला हमको, बाकी कितने सारे मिले,
रात ऐसी आयी न पूछो, न चाँद मिला, न तारे मिले।

पूर्वार्द्ध में मन की बगिया झूम झूमकर झूमी थी,
मैंने काँटों की डाली को, कली समझकर चूमी थी।
जिनके हाथों में फूल डाल थी, वही बड़े हत्यारे मिले,
रात ऐसी आयी न पूछो, न चाँद मिला, न तारे मिले।

जीवन भर जाऊँगा

आशा की पतवार लिए, मैं इहलीला कर जाऊँगा,
निज आँखें सूनी सूनी, मैं जल उनमें भर जाऊँगा।

साथ तुम्हारे चलते-चलते, काँटों से पहचान हुई,
साँस कभी थी जो अपनी, अपने से अनजान हुई।
पुष्प को पाया मैंने तो, दंश से इसके मर जाऊँगा,
निज आँखें सूनी सूनी, मैं जल उनमें भर जाऊँगा।

अँधियारे की कोख में मैंने, धधकती देखी ज्वाला,
राग-द्वेष को साथ लिए, निकल पड़ा मैं मतवाला।
क्या पता था चलते-चलते, स्वयं से डर जाऊँगा,
निज आँखें सूनी सूनी, मैं जल उनमें भर जाऊँगा।

धाम धर्म का बन्धन तोड़े, किस तीर्थ पर जा बैठा,
जहाँ हर्ष का हरण हुआ, वो ठौर ठिकाना था हेटा।
मुझे क्या पता था कर्म-धर्म अनजाने में कर जाऊँगा,
निज आँखें सूनी सूनी, मैं जल उनमें भर जाऊँगा।

वैसे तो मैं रीता था और, जीवन में था सूनापन,
बालकाल में बोध नहीं था, न यौवन से अपनापन।
मैं हृदय फूल की परिपाटी बन, डाली से झर जाऊँगा,
निज आँखें सूनी सूनी, मैं जल उनमें भर जाऊँगा।

साँसों का हिसाब माँगने, वे दर पर जब आ बैठे,
हमने उनको बता दिया सब, शैया पर लेटे-लेटे।
किसे पता था झोली उनकी, व्याधियों से भर जाऊँगा,
निज आँखें सूनी सूनी, मैं जल उनमें भर जाऊँगा।

साँसों का सत्कार कर

जितनी भी मिली हैं साँसें, साँसों का सत्कार कर,
जैसा किया जीवन से तूने, मृत्यु से व्यवहार कर।

तू साँसों की सरगम पर जब, जी भर भरके नाचा था,
उसने भी कदम-कदम पर, तब तुझको परखा-जाँचा था।
घुँघरू से किया प्यार अब, धागे से भी प्यार कर,
जैसा किया जीवन से तूने, मृत्यु से व्यवहार कर।

चलाचली की आपाधापी में, तुझको कितने मिले यहाँ,
सब यहीं पर रहकर हारे, संग तेरे कौन चला कहाँ।
जो जिस हाल में मिले मिल, न मिलने से इनकार कर,
जैसा किया जीवन से तूने, मृत्यु से व्यवहार कर।

नाम धाम पर मर मिटने से, किसने कब क्या पाया है,
समझे नहीं चाहे लाख, मैंने उनको समझाया है।
चाहे खाई मिले या पर्वत, इन्हें हँसते-गाते पार कर,
जैसा किया जीवन से तूने, मृत्यु से व्यवहार कर।

ये जो बैठा अलख जगाता, तेरे घर का भेदी है,
कालिमा है उसके भीतर, पर चेहरे पर सफेदी है।
कोई नहीं करेगा तेरा, तू स्वयं का उद्धार कर,
जैसा किया जीवन से तूने, मृत्यु से व्यवहार कर।

फूल ने अपना रूप खोया, फल में परिवर्तित पाया,
आज जहाँ कड़ी धूप है, थी वहाँ शीतल छाया।
दुःख से घबराना कैसा, दुःख से आँखें चार कर,
जैसा किया जीवन से तूने, मृत्यु से व्यवहार कर।

पीड़ा उनकी नाम करा ले

मेरे मैंने स्वयं में कितने, दुःख और दर्द हैं पाले,
गिरना जिसके भाग्य में हो, फिर उसको कौन सँभाले।

माना डगर में कंटकों का, साम्राज्य सा फैला हुआ है,
हर कदम धूल में धँसता, घुटनों तक मैला हुआ है।
तन टूटा है थकान भारी, जान कौन उसमें अब डाले,
गिरना जिसके भाग्य में हो, फिर उसको कौन सँभाले।

दारुण दुःख के दौर में भी, जिसने भी मुस्कान सीखी,
मृत्यु के अस्तित्व पर ही, एक अटल रेखा सी खींची।
जीवन सन्ध्या हँस रही थी, बाँहों में मेरे बाँहें डाले,
गिरना जिसके भाग्य में हो, फिर उसको कौन सँभाले।

नैनों का नीर घन जब बनके, जल बहा है,
अडिग पर्वत बन करके स्थानापन्न कहाँ रहा है।
स्थिर हुआ जब उसने नीर नैनों से अपने निकाले,
गिरना जिसके भाग्य में हो, फिर उसको कौन सँभाले।

बन्धनों के बोध में पाई, नूतन मैंने सुगबुगाहट,
जितना कसता जाऊँ मैं, मिलन की होती है चाहत।
खो जाने को मन है व्याकुल, हो अँधेरे या उजाले,
गिरना जिसके भाग्य में हो, फिर उसको कौन सँभाले।

मन अगर तेरा मोम है, तो पीर का आभास होगा,
है यदि जो दूर तुझसे, वो भी तेरे पास होगा।
शर्त ये कि उसकी पीड़ा, नाम अपने तू करा ले,
गिरना जिसके भाग्य में हो, फिर उसको कौन सँभाले।

भोगी सारे

ये जो तेरे साथ खड़े हैं, तेरे वैरी दुश्मन हैं,
इस भेद को जान न पाया, जाने कैसी उलझन है।

तू तो है सुनसान अनन्त में, भीड़ तेरे घर पर आयी,
चरम अवस्था में सोया तू, ये अट्टहास कर मुस्काई।
क्या कहें कितना इनका, हुआ मलीन तन-मन है,
इस भेद को जान न पाया, जाने कैसी उलझन है।

अकुलाहट को कोई न जाने, पीड़ा के भोगी सारे,
लिप्त बहुत व्यभिचार में, जोगी भी जग के मारे।
जन्मों से जोग-भोग में, रही हमेशा अनबन है,
इस भेद को जान न पाया, जाने कैसी उलझन है।

कुछ पल बाद सारे के सारे, अपने घर चले जाएँगे,
मुस्कान के हाथों उसके, दर पर भी छले जाएँगे।
जिससे हम तुम बँधे हुए, वो झूठा जग का बन्धन है,
इस भेद को जान न पाया, जाने कैसी उलझन है।

भवसागर का भार न समझे, कूदा है भवसागर में,
कितना गँदला, कितना दूषित, भरा हुआ जल गागर में।
मैं मुस्कान कहाँ से लाऊँ, चारों ओर जब क्रन्दन है,
इस भेद को जान न पाया, जाने कैसी उलझन है।

काँटों का है दोष भला क्या, वे भी उपवन में रहते,
कलियों के दुःख-दर्द को भाई, कहाँ भला वे सहते।
मन मेरा उजाड़ नहीं है, अब मन में ही तो नन्दन है,
इस भेद को जान न पाया, जाने कैसी उलझन है।

विचलन व्यर्थ गयी

मैंने धरा की पीड़ा देखी, गगन की ऊँचाई में,
कह सकते हो मूर्खता है, मिली मुझे चतुराई में।

माना पीड़ा जगे जहाँ पर, वहीं पर सो जाती है,
किसे ढूँढ़ने जाएँ कहाँ, जब स्वयं ही खो जाती है।
कोलाहल का एक कोना भी, होता नहीं तन्हाई में,
कह सकते हो मूर्खता है, मिली मुझे चतुराई में।

सारा जग मुट्ठी में समाया, पर देख नहीं मैं पाया हूँ,
धूप ने मुझको धारा मन से, पर मैं तो गहरी छाया हूँ।
हाँ होता है, जी होता है, पर्वत भी एक राई में,
कह सकते हो मूर्खता है, मिली मुझे चतुराई में।

सत्व तत्त्व को कोई न जाने, सब थोथेपन के भागी हैं,
नित्य नियम को कोई न माने, एक पल के अनुरागी हैं।
पानी पर है काई जमी, या पानी समाया काई में,
कह सकते हो मूर्खता है, मिली मुझे चतुराई में।

पीड़ा जब भी समीप आयी, मन का विचलन और बढ़ा,
तन का क्या माटी ही है, कभी यहाँ खड़ा, कभी वहाँ पड़ा।
कहीं तो मन खो जाता, कभी तो पीर पराई में,
कह सकते हो मूर्खता है, मिली मुझे चतुराई में।

दर्द भी सुर अपना अलापता, जब-जब उसकी चाह हुई,
मेरी विचलन व्यर्थ गयी, जब इसकी इधर निगाह गयी।
दर्द तो अपना ठौर ढूँढ़ता, बजती हुई शहनाई में,
कह सकते हो मूर्खता है, मिली मुझे चतुराई में।

जलता संसार देखा

माना बसकी बात नहीं थी, पीर के भी पार देखा,
मेरे भाग्य ने हाँ कभी, स्वयं का शृंगार देखा।

मन भुलाता पीर को अब, धीर का ही साथ लेकर,
बच जाना चाहता है फिर, उसको अपना हाथ देकर।
मन के भाग्य में लिखा हुआ, पीर का व्यवहार देखा
मेरे भाग्य ने हाँ कभी, स्वयं का शृंगार देखा।

सुख बड़े ही सहजता से, मन को कहीं छोड़ देता है,
दुःख लम्बी डगर को भी, उसकी ओर मोड़ देता है।
अपना घर देख न पाया, जाने किसका द्वार देखा,
मेरे भाग्य ने हाँ कभी, स्वयं का शृंगार देखा।

सोने की आदत ने ही, निद्रा का महत्त्व खोया,
जागृति ने न जाने फिर, कौन सा है तत्त्व धोया।
हमने सोने की दुनिया का, जलता हुआ संसार देखा,
मेरे भाग्य ने हाँ कभी, स्वयं का शृंगार देखा।

चल देना था पदचिह्नों पर, वक्त ने जो भी थे छोड़े,
इधर-उधर दौड़ाता रहा मैं, जाने क्यों अपने ही घोड़े।
अतीत वर्तमान का हमने, जुड़ता हुआ न तार देखा,
मेरे भाग्य ने हाँ कभी, स्वयं का शृंगार देखा।

रक्त के नातों को मैंने, अपना ही नाता समझा,
जिसने मुझको झुलसाया था, उसको अपना भ्राता समझा।
मृत्यु के हाथ में हमने, जीने का आधार देखा,
मेरे भाग्य ने हाँ कभी, स्वयं का शृंगार देखा।

बन्धन तोड़े

जाने आज तू किसके पीछे, क्यों इतना अब दौड़े,
जिन्होंने हाथ थामा तेरा, उनका ही क्यों संग छोड़े।

थकान की सीमा के आगे, नहीं तू कुछ कर पाएगा,
जिस छाया को अपना कहता, उससे ही तू डर जाएगा।
समय सबको देख रहा है, कमलिया काली ओढ़े,
जिन्होंने हाथ थामा तेरा, उनका ही क्यों संग छोड़े।

माना सुबह की धूप तेरे, तन को अति सुहाई थी,
शाम की धूप अँधियारे को अपने पीछे लाई थी।
क्यों प्रकाशपुंज के आगे, टूटे अपने हाथ जोड़े,
जिन्होंने हाथ थामा तेरा, उनका ही क्यों संग छोड़े।

एक सीमा तक बन्धन देखो, मन को है कितना भाता,
कौन मिले तब बन्धन से, जब मन मुक्ति पा जाता।
ज्ञान फिर भी नहीं हुआ, कितने हमने बन्धन तोड़े,
जिन्होंने हाथ थामा तेरा, उनका ही क्यों संग छोड़े।

जीवन वस्त्र बदल जाता है, जीवन चक्र के हाट में,
फिर भी नंगा भूखा मिलता, चलते चलते बाट में।
गीले का गीला ही रहेगा, लाख वस्त्र चाहे निचोड़े,
जिन्होंने हाथ थामा तेरा, उनका ही क्यों संग छोड़े।

काया की माया से मनवा, कितना उलझा उलझा है,
कहता मगर हर किसी से, जन्मों से वो सुलझा है।
आत्मा को है सब पता, कितने तूने खप्पर फोड़े,
जिन्होंने हाथ थामा तेरा, उनका ही क्यों संग छोड़े।

गोद में ले शीतल धारा

सब कुछ हमको मान्य है चाहे, फूल मिले या अंगारा,
जलती धरती अपनाये या, गोद में ले शीतल धारा।

दिशा बोध का धर्म न जाने, चाहे गहन को अँधियारा,
राह दिखाने को काफी है, बस एक चमकता ही तारा।
उसी के पीछे चल पड़ता, हरदम हर घड़ी जग सारा,
जलती धरती अपनाये या, गोद में ले शीतल धारा।

कौन करेगा रक्षा तेरी, अब कौन प्रदाता है दुनिया में,
फूल का उपहास न कर तू, आकर उसकी बगिया में।
आसरे की आस लगा तू, जहाँ भी है उसका द्वारा,
जलती धरती अपनाये या, गोद में ले शीतल धारा।

दारुण दुःख की ज्वाला में, कल कुन्दन था बना हुआ,
आज गहराई में कीचड़ से, तन-मन तेरा सना हुआ।
कीचड़ कुन्दन यहीं रहेंगे, तू भी तो है बंजारा,
जलती धरती अपनाये या, गोद में ले शीतल धारा।

हो सकता है धधकती ज्वाला, तुझको अन्दर तक धो दे,
तेरे मन में सम्बन्धों की, एक नयी पीड़ा बो दे।
दिखता नहीं इसके अतिरिक्त और न कोई है चारा,
जलती धरती अपनाये या, गोद में ले शीतल धारा।

अपने मन के भावों का, मैं सत्कार किया करता हूँ,
छोटी सी आलोक किरण को, जी से प्यार किया करता हूँ।
उजियारे की महफिल में, क्या कर लेगा अँधियारा,
जलती धरती अपनाये या, गोद में ले शीतल धारा।

आग लगाई है

अपनी न थी दुनिया कभी, हमेशा रही पराई है,
जिसने प्यारे रह-रह के, पानी में आग लगाई है।

मन से दुनिया को जितनी तुम अपने करीब लाओगे,
खुद को बहुत दूर-दूर तक, देख न इसमें पाओगे।
अपने में ही हर घड़ी, ये फूली नहीं समाई है,
जिसने प्यारे रह-रह के, पानी में आग लगाई है।

जब सफलता आके तुम्हारे, इन कदमों को चूमेगी,
दुनिया तुम्हारे साथ मगर, नहीं कभी भी झूमेगी।
तुम्हारे लिए ये ज़ालिम दुनिया, उसने कहाँ बनाई है,
जिसने प्यारे रह-रह के, पानी में आग लगाई है।

तुम हँसके देखो जरा, ये दुनिया दिल से रोएगी,
तुम रोके देखो भला वो, बेहोशी में सोएगी।
लाख भले बने रहो तुम, मिली न तुम्हें भलाई है,
जिसने प्यारे रह-रह के, पानी में आग लगाई है।

अपने-पराये होने का ही, मन ने मेरे भेद किया,
अपनों ने ही हर घड़ी मम भाव घट में छेद किया।
होली में भी दुनिया ने, दीवाली ही मनाई है,
जिसने प्यारे रह-रह के, पानी में आग लगाई है।

छोड़ दे इस दुनिया को, यदि ऐसा तुझ से हो जाए,
आँसुओं से धो ले चेहरा, जो गंगाजल में खो जाए।
किस धूल को तन से तूने, अपने आज रमाई है,
जिसने प्यारे रह-रह के, पानी में आग लगाई है।

मृत्यु का मन मर जाता

साँसों का सत्कार करूँ तो, मृत्यु का मन मर जाता है,
आँसू को कितना भी रोकूँ, रुकते-रुकते झर जाता है।

चीत्कार हृदय की जाने जाके, कहाँ पर रुक पाएगी,
कौन सी डाल है तरुवर की, जो फूलों से झुक जाएगी।
एक हवा के झोंके से भी, तरुवर कितना डर जाता है,
आँसू को कितना भी रोकूँ, रुकते-रुकते झर जाता है।

माना पीर का नाता नीर से, कभी नया नहीं रहा है,
क्या उजियारा क्या अँधियारा, दोनों को ही बहुत सहा है।
सूने-सूने क्षणों में भी, मौसम क्या-क्या भर जाता है,
आँसू को कितना भी रोकूँ, रुकते-रुकते झर जाता है।

राई के अंतःस्थल में भी एक नयी गहराई है,
पर्वत के उत्तंग शिखर पर उभरी हुई सी खाई है।
छोड़ो सागर को कोई तो, पर्वत पर भी तर जाता है,
आँसू को कितना भी रोकूँ, रुकते-रुकते झर जाता है।

अक्सर मानुष में हमको, अमानुष का आभास हुआ,
ये कैसा श्मशान जहाँ पर, पल भर पहले रास हुआ।
समय का क्या करें भरोसा, कर्म कैसे कर जाता है,
आँसू को कितना भी रोकूँ रुकते-रुकते झर जाता है।

धरा की गहराई बोलती, मेरी अन्तर की भाषा,
नैराश्य जीवन में भी आके, आस लगाती अभिलाषा।
गिरि को लाँघने वाला, समतल पर क्यों डर जाता है?
आँसू को कितना भी रोकूँ, रुकते-रुकते झर जाता है।

चेहरा था अनजान

गीत पत्थरों ने गाये, मैंने जाना न जग ने जाना,
न भावों की अनुभूति समझी, क्या स्वर था वो अनजाना।

कब तक ओस कमल पुष्प पर, अपने आप को रख पाती,
कब तक किरण नील पटल पर, अपने आप को लख पाती।
भूल चुकी क्यों जाने उसको, क्या चेहरा था अनजाना,
न भावों की अनुभूति समझी, क्या स्वर था वो अनजाना।

देखी मैंने गागर में भी, गहराती बलखाती धार,
जहाँ सुरक्षित रह सकता है, जलता-बुझता ये अंगार।
सब खानों में रह कर देखा, जँचा नहीं कोई खाना,
न भावों की अनुभूति समझी, क्या स्वर था वो अनजाना।

जाने क्यों है धूप ढूँढ़ती, अपने लिए गहरी छाया,
क्यों सुख देख देखकर, दुःख मन ही मन हर्षाया।
देखा एक साँस के पीछे, मृत्यु जीवन बन जाना,
न भावों की अनुभूति समझी, क्या स्वर था वो अनजाना।

हरियाली की हरीतिमा पर पीलेपन की सेंध लगी,
समझो पूर्णत्व आ गया, देखो उसमें अलख जगी।
मृत्यु से फिर डरना कैसा, जीवन को अब क्या पाना,
न भावों की अनुभूति समझी, क्या स्वर था वो अनजाना।

समय की गहराई पर देखो, सभी तैरते आये हैं,
कुछ पल की है उछल कूद, फिर उसमें सभी समाये हैं।
समय से फिर सौदा कैसा, सौदा उसने कब माना,
न भावों की अनुभूति समझी, क्या स्वर था वो अनजाना।

साँसों के सौदे

सपनों का आधार है निंदिया, जीने का आधार जवानी,
चंचल धारा क्यों इतराती, बहता हो जब उसमें पानी।

मुझको मेरे अरमानों पर, अब कोई अधिकार नहीं है,
मेरा अपना मन भाया पर, अपनों से कोई प्यार नहीं है।
स्वजनों का सहयोग पाने को, मन ने है कितनी ठानी,
चंचल धारा क्यों इतराती, बहता हो जब उसमें पानी।

मेरे जीवन की उलझन को, चाहा तुमने भी सुलझाना
कैसा जीवन, कैसी मृत्यु, सबका एक ही ताना-बाना।
फिर भी समय बड़ा बलशाली, कोई नहीं है इसका सानी,
चंचल धारा क्यों इतराती, बहता हो जब उसमें पानी।

धरा की छाती पर मैंने, कितने साँसों के सौदे देखे,
जिनको सौदे करते देखा, वो कितने बोदे देखे।
जीवन यदि राजा बन पाया, मृत्यु बन गयी है रानी,
चंचल धारा क्यों इतराती, बहता हो जब उसमें पानी।

सावन की हरियाली अपनी, भादों के हैं रंग निराले,
घूम रहा हूँ मैं भी धरा पर, अपनी सर्दी-गर्मी पाले।
जीवन हमको रास आ गया, क्यों है मरने पर हैरानी,
चंचल धारा क्यों इतराती, बहता हो जब उसमें पानी।

इस तरफ आकर के बोलो, हमने तुमने क्या पाया,
औरों को अपना समझकर, मूरख मनवा भरमाया।
क्या यहाँ आक़र हम, कर सकते हैं मनमानी,
चंचल धारा क्यों इतराती, बहता हो जब उसमें पानी।

पर्वत एक राई में

उतरना होगा मनवा तुझको, जीवन की गहराई में,
कभी-कभी हमें दर्शन होते, पर्वत के इक राई में।

सोने की जंजीरों से भी, जकड़न हुई, हमें दर्द हुआ,
मध्याह्न का तपता सूरज, अभी-अभी क्यों सर्द हुआ।
ऊँचे-ऊँचे शिखर चढ़ा मैं, गहरी-गहरी खाई में,
कभी-कभी हमें दर्शन होते, पर्वत के इक राई में।

अपनों के वार प्रहार मैं, हँसते-हँसते सह जाता,
मरुथल में आके पानी सा, चुपचाप मैं बह जाता।
स्वार्थ शिखर पर देखा हमने, औरों की भलाई में,
कभी-कभी हमें दर्शन होते, पर्वत के इक राई में।

ऐसा नहीं रिसे रक्त ही, लगे हृदय में घाव से,
मृत्यु को अपनाते देखा, बड़े ही मन औ' चाव से।
कभी-कभी तो खुद को देखो, जलकर पीर पराई में,
कभी-कभी हमें दर्शन होते, पर्वत के इक राई में।

जीवनदान से बढ़कर हमने, न कोई दान कहीं देखा,
माना मृत्यु ने बात-बात में, इसको उसको है फेंका।
नीचापन भी मिल जाता है, शिखर की ऊँचाई में,
कभी-कभी हमें दर्शन होते, पर्वत के इक राई में।

तीर पे तर्पण करते हमने, कितने लोगों को देखा,
गहन साधना की गोदी में, पलते भोगों को देखा।
काँटा क्यों पलता रहता है, कली कोमल अलसाई में,
कभी-कभी हमें दर्शन होते, पर्वत के इक राई में।

तेरा मेरा जग सारा

कोई तो होता जग में मेरे, जो जख्मों को सह जाता,
तब दुनिया में भाग्यवान, बस मैं ही तो रह जाता।

आशाओं की किरण सुनहरी, जीवन में कई बार मिली,
आलोकित कर मेरे मन को, प्रकाशमान हो उसमें ढली।
उल्लासित हो उसके दर पे, मैं आँसू के संग बह जाता,
तब दुनिया में भाग्यवान, बस मैं ही तो रह जाता।

अगन से मैंने लगन किया तो, पानी का पानी न रहा,
मैंने तो सावन में भी, कड़ी धूप का वार सहा।
ठण्डी छाँव का रूप काश मैं, पल भर को ही सह जाता,
तब दुनिया में भाग्यवान, बस मैं ही तो रह जाता।

देख मन के संग मगन हो, झूम के ला कोई तारा,
समाहित हो जाए जिसमें, तेरा-मेरा जग सारा।
मन मेरा पीड़ा की नदिया, उसमें कोई बह जाता,
तब दुनिया में भाग्यवान, बस मैं ही तो रह जाता।

दुनिया के जो दर्द को जाने, वो दुनिया में है गामी,
चाहे छोटा कद हो उसका, वो फिर भी है नामी।
क्या करेंगे लाख कंगूरे, जब परकोटा ढह जाता,
तब दुनिया में भाग्यवान, बस मैं ही तो रह जाता।

चला गया था जिसे ठहरना, बिन बताये दुनिया से,
क्या तकरार हुई नाव की, गहरी बहती नदिया से।
जाने को वो चला गया, कहाँ जाऊँगा कह जाता,
तब दुनिया में भाग्यवान, बस मैं ही तो रह जाता।

मृत्यु का उद्धार किया

अपनी ही ज्वाला में जलना, जीवन ने स्वीकार किया,
जलते हुए जीवन ने ही फिर, मृत्यु का उद्धार किया।

जिस नगर में किया बसेरा, मिला नहीं अपना कोई,
रात दिवस की गोदी में, सर रखकर कितना रोई।
रोते-रोते फिर भी उसने, एक अनोखा प्यार दिया,
जलते हुए जीवन ने ही फिर, मृत्यु का उद्धार किया।

संयोजन अभियोजन का, हम भेद कभी न कर पाये,
अपना-अपना दर्द है सबको, किसको कोई क्यों चाहे।
दर्द ने दर्द दबाने का, एक नया आधार दिया,
जलते हुए जीवन ने ही फिर, मृत्यु का उद्धार किया।

कभी आग की ज्वाला में भी, थी कितनी ठण्डाई,
हृदय से निकली आहों में, थी बड़ी ही गहराई।
आती-जाती इन साँसों ने, मन मेरा सँवार दिया,
जलते हुए जीवन ने ही फिर, मृत्यु का उद्धार किया।

अब राग-द्वेष की परिपाटी, न जाने कितनी दूर चले,
किसी का क्या बिगड़ेगा, दिन-रात तू यूँ ही जले।
जो डुबाने आया तुझको, उसने ही अब तार दिया,
जलते हुए जीवन ने ही फिर, मृत्यु का उद्धार किया।

चला काल का हाल जानने, एक अनोखी दुनिया में,
कभी छाया को माया समझा, कभी माया थी छाया में।
किस जादू ने छाया-माया से, मुझे यहाँ उबार दिया,
जलते हुए जीवन ने ही फिर, मृत्यु का उद्धार किया।

साधना सोती रहे

दीप के दरबार में भी, अँधियारे की साख देखी,
बिन जले काठ में भी, ठण्डी पड़ती राख देखी।

उजियारे का धर्म है बस, अँधियारे को खा जाना,
मेरा धर्म यही है कि दोनों को नित भा जाना।
अँधेरे उजाले की हमने, बढ़ती सतत धाक देखी,
बिन जले काठ में भी, ठण्डी पड़ती राख देखी।

पानी की है यही विवशता, हर दम फिसलन में बहना,
धुएँ का कृतिहीन होकर, बस गगन में ही रहना।
होता नहीं पूर्ण कोई, अस्तित्व में कई फाँक देखी,
बिन जले काठ में भी, ठण्डी पड़ती राख देखी।

साधना सोती रहे फिर, फिर पूर्णता कैसे मिलेगी,
डाली हरी पेड़ की पर, रह-रह वो धू-धू जलेगी।
पहचान स्वयं से हो नहीं पाई, सूरत चाहे लाख देखी,
बिन जले काठ में भी, ठण्डी पड़ती राख देखी।

बातें जी भर के हुईं पर, निर्णय कोई हो न पाया,
जबकि पूरे सम्मान से, मुझे था तुमने बुलाया।
दबी जुबाँ की बातें भी, कितनी बेबाक देखी,
बिन जले काठ में भी, ठण्डी पड़ती राख देखी।

आग से पानी ने पूछा, कितनी देर तू जलेगी,
जब तक जलती रहेगी सूरत तेरी मुझको ख़लेगी।
जलने वालों की भी हमने, बहुत ऊँची नाक देखी,
बिन जले काठ में भी, ठण्डी पड़ती राख देखी।

कहीं किनारे जा बैठें

ये कौन सी ज्वाला जिसमें, न बर्फ कोई पिघल पायी,
गगन की ऊँचाई तजकर, तड़ित धरा पर क्यों आयी।

जलती रातों को है देखा, दिन में परिवर्तित पाया,
सूर्य का चेहरा जुगनू को, मन ही मन कितना भाया।
जाने कहाँ नजर जानी थी, कहाँ जा के गयी ठहराई,
गगन की ऊँचाई तजकर, तड़ित धरा पर क्यों आयी।

बीच राह चलने वाले फिर, कहीं किनारे जा बैठे,
हमको तनके खड़ा होना है, बोल उठे लेटे-लेटे।
जीवन को उथला समझा, हर पल जहाँ है गहराई,
गगन की ऊँचाई तजकर, तड़ित धरा पर क्यों आयी।

काँटों के जंगल में रहते, कई फूलों की चाह जगी,
मन का मानस मुस्काया, या मन को किसी की आह लगी।
बबूल वृक्ष कतारों में हमें, मिली कई-कई अमराई,
गगन की ऊँचाई तजकर, तड़ित धरा पर क्यों आयी।

इन नयनों को चैन न आया, जब तक ना मूरत देखी,
कितने चेहरे देख चुका पर, अपनी ना सूरत देखी।
आँखें नीली हों या काली, या फिर हो सुरमाई,
गगन की ऊँचाई तजकर, तड़ित धरा पर क्यों आयी।

मैं स्वयं का प्राण-प्रणेता, मेरी क्या हो किस से माँग,
मैं अंतः बाह्य एकसा, नहीं आया मुझे रचना साँग।
सम्बन्धों की क्या बातें करते, क्यों बातें थीं गरमाई,
गगन की ऊँचाई तजकर, तड़ित धरा पर क्यों आयी।

शून्य में समा जाऊँ

गगन हर पल धरा पर, छाया बनके छाएगा,
फिर गगन का सूनापन, क्यों धरा को भाएगा।

शून्य में समाने की चाह, आज स्थूल को लागी है,
हृदय रात भर रोता रहा, आँखें तब से जागी हैं।
भूल जा स्वयं को आज, फिर उसे तू पाएगा,
फिर गगन का सूनापन, क्यों धरा को भाएगा।

हर तरफ बिखरे हैं तारे, उन्हें अब समेट ले तू,
बहुत थक चुका होगा, अब जरा सा लेट ले तू।
समेट के फिर उन्हें तू, कहाँ पर ले जाएगा,
फिर गगन का सूनापन, क्यों धरा को भाएगा।

पुष्पमाल से जब तू, झुकते गगन को बाँध लेगा,
जो असाध्य लगता है तुझको, प्रेम से ही साध लेगा।
वैसा भी तू राग-द्वेष अब, खुद में कहाँ से लाएगा,
फिर गगन का सूनापन, क्यों धरा को भाएगा।

जब तक जीव का जीव से, बना हुआ नाता रहेगा,
वो उस ओर से हर घड़ी, हँस के बुलाता रहेगा।
स्थूल से कभी शून्य छूटे, वो हमेशा चाहेगा,
फिर गगन का सूनापन, क्यों धरा को भाएगा।

मैं धरा की गहराई में, गगन बन फैला हुआ हूँ,
उजला तन लेकर अंतः में मैला हुआ हूँ।
क्या फर्क पड़ेगा जब, खुद को तू नहीं चाहेगा,
फिर गगन का सूनापन, क्यों धरा को भाएगा।

उपवन में सूखी डाली

नागपाश ने अक्सर हमको सुखद अनुभूति दे डाली,
दुःख के चौराहे गलियाँ तक, सब मेरी देखी भाली।

मृगमरीचिका बन के, सुख मेरे पीछे दौड़ रहा है,
घूँट पानी का कण्ठ को मेरे, बिन प्यास बुझाए छोड़ रहा है।
पीड़ा की तितली मैंने, इस मन बगिया में क्यों पाली,
दुःख के चौराहे गलियाँ तक, सब मेरी देखी भाली।

पतझड़ को पर्ण प्रिय था, आँधी उस पर टूट पड़ी,
उसको अपनाने की खातिर, जाने क्या-क्या बात गढ़ी।
फिर भी रह-रह झूम रही है, उपवन में सूखी डाली,
दुःख के चौराहे गलियाँ तक, सब मेरी देखी भाली।

आग बरसती नील गगन से, फिर भी धरा पर हरियाली,
सींच रहा अपने पौधों को, हर्षाए मन में माली।
पतझड़ में भी खूब खिलेगी, देखना अबके हरियाली,
दुःख के चौराहे गलियाँ तक, सब मेरी देखी भाली।

हवा का रुख समझ न पाया, इधर बही या उधर बही,
जब भी बतियाना चाहा मैंने, बात-बात में बात कही।
लहरा के वो जब भी चली, लगी बहुत ही मतवाली,
दुःख के चौराहे गलियाँ तक, सब मेरी देखी भाली।

प्रिय पावस की प्रथम फुहार में, सुध-बुध अपनी खो बैठी,
जिसको कभी न मन से चाहा, वो आज उसी की हो बैठी।
सजी रहेगी यूँ ही हाथ में, हर दम पूजा की थाली,
दुःख के चौराहे गलियाँ तक, सब मेरी देखी भाली।

मन मेरा थक जाता है

चल सकता हूँ साथ मैं तेरे, चाहे मेरा साथ न दे,
जब सुनहरी धूप दी तो, काली काली रात न दे।

कर्म धर्म को बाँध के चल दूँ, इतनी सी है अभिलाषा,
अमानुष चाहे बना हुआ मैं, समझूँ मानस की भाषा।
कैसे भी मुझे पार करा दे, चाहे अपना हाथ न दे,
जब सुनहरी धूप दी तो, काली काली रात न दे।

जब जगत का जन्म हुआ, क्या तू था भवसागर में,
जी भरके क्यों छलका था, पानी तेरी गागर में।
अब चाहे तू पास बुला ले, अब कोई तू घात न दे,
जब सुनहरी धूप दी तो, काली काली रात न दे।

बार-बार के आवागमन से, मन मेरा थक जाता है,
पंख लगाकर उड़ने वाला, पागल मनवा रुक जाता है।
दे दे चाहे जीवन उसको, मगर नयी सौगात न दे,
जब सुनहरी धूप दी तो, काली काली रात न दे।

राह के कंकर पत्थर भी, आतुर हैं मुझे अपनाने को,
मैं भी उनको पार करूँगा, समय आये जब जाने को।
खुलकर कर जो भी करना है, कोई नयी सौगात न दे,
जब सुनहरी धूप दी तो, काली काली रात न दे।

जहाँ भावना मर-मर जाए, दर्द वहाँ नहीं पलता है,
जीवन ज्योत झिलमिलाये तो, सूखा दिया भी जलता है।
जड़ में उसके प्राण दे दे, चाहे चिकने पात न दे,
जब सुनहरी धूप दी तो, काली काली रात न दे।

आग उगलता अंगारा

उसका भी विश्वास करूँ मैं, जिसने मुझको खूब छला है,
फूल मेरे तन को छुआ तो, मन मेरा रह रह के जला है।

सागर की लहरों पर जबसे, धुलीकणों ने किया बसेरा,
शीतलता ने तब पानी से, अपने मुँह को आके फेरा,
इस सागर का रूप न जाने, किस साँचे में कब से ढला है,
फूल मेरे तन को छुआ तो, मन मेरा रह रह के जला है।

हवा के लहराते पंखों को, अब मैं आकर कतरूँगा,
आग बहाती तेज धार में, बर्फ बनके उतरूँगा।
आग हवा के रूप रंग से, मेरा तन मन बहुत भला है,
फूल मेरे तन को छुआ तो, मन मेरा रह रह के जला है।

सूर्य की क्या बात करो तुम, आग उगलता अंगारा,
चाँद तारों के रूप रंग से, हरदम कब से वो हारा।
मेरे रक्त की धारा में, सूर्य बर्फ बन बन के गला है,
फूल मेरे तन को छुआ तो, मन मेरा रह रह के जला है।

दूर-दूर तक दसों दिशाएँ, ध्वनिपेक्षित होती आयी,
मीत प्रीत का गीत न जानें, क्या मन में सँजो लाई।
ध्वनि के कोलाहल में भी, गीत मीत का कितना फला है,
फूल मेरे तन को छुआ तो, मन मेरा रह रह के जला है।

मैंने उसको मन से पुकारा, नहीं मगर वो सुन पाया,
पुष्पमण्डित उपवन से वो, काँटे क्योंकर चुन लाया।
फूल से बढ़कर चुभता काँटा, वही मेरे लिए भला है,
फूल मेरे तन को छुआ तो, मन मेरा रह रह के जला है।

समय के जलते पंख

पिया आग को अक्सर मैंने, हरदम खाया अंगारा,
चलत राह भटक गया, चमकता दिन में तारा।

यात्री को राह मिले और गन्तव्य का ज्ञान नहीं,
मर्यादा को मन में रखता, मर्यादा का भान नहीं।
उबल-उबल कर फूट रहा है, किस आग से ये पारा,
चलत राह भटक गया, चमकता दिन में तारा।

जगती को अधिकार नहीं कि, जीवन पर मेरे छा जाए,
मैं जब घर से अपने निकलूँ, वो मेरे द्वार पर आ जाए।
जीवन-मरण के चक्रव्यूह में, कौन बचा है बेचारा,
चलत राह भटक गया, चमकता दिन में तारा।

लगता गगन में झूम झूम कर, मेघ कुछ भ्रमित हुआ है,
क्यों समय के जलते पंख को, सहज भाव से उसने छुआ है।
उसके मन की मैं क्या जानूँ, मन ने उसके क्या है धारा
चलत राह भटक गया, चमकता दिन में तारा।

जग को सींचने वाला ही, जल जाने क्यों सूख रहा है,
पर्ण-पर्ण भी उस जल पर, रह-रह कर जो थूक रहा है।
जल की कोई जलन न देखे, हाथ जोड़ कहे मैं हारा,
चलत राह भटक गया, चमकता दिन में तारा।

तीव्रतम सम्प्रेषण जब हो, समझो भावना भड़क रही है,
तपती दोपहरी में भी, बिजली रह-रह कड़क रही है।
सम्प्रेषण इतना हो जाए, सराबोर हो जग सारा,
चलत राह भटक गया, चमकता दिन में तारा।

अंगारों को गले लगाया

चौराहे पर आज खड़ा हूँ, पता नहीं किस ओर है जाना,
जब हृदय में रुदन भरा हो, किस पर कैसे क्या मुस्काना।

अब तक भाव भार को दुनिया, जाने कैसे समझ न पायी,
चाहे धूप धरा पर उतरे, या फिर बदली काली छायी।
जहाँ लूटने को सब आतुर, क्या खोकर के क्या पा जाना,
जब हृदय में रुदन भरा हो, किस पर कैसे क्या मुस्काना।

पानी की बौछार पर दुनिया, अपना अपना हक है जताती,
देखो बर्फ के ढेलों में भी, रह-रह कर के आग लगाती।
मैंने भी इक रीत बनाई, अंगारों को गले लगाना,
जब हृदय में रुदन भरा हो, किस पर कैसे क्या मुस्काना।

क्षणिक साँस के होने पर ही, जगती का अस्तित्व टिका है,
जो कल तक था रत्न कीमती, वो कोड़ी के मोल बिका है।
रास न आया उनको मेरा, उजियारे के मन को भाना,
जब हृदय में रुदन भरा हो, किस पर कैसे क्या मुस्काना।

शीतल तरुवर की छाया में, अंगारे क्यों दहक रहे हैं,
इस उपवन में आग लगी है, फिर भी पंछी चहक रहे हैं
लोगों का बर्ताव रहा है, पानी में भी आग लगाना,
जब हृदय में रुदन भरा हो, किस पर कैसे क्या मुस्काना।

नापी मैंने भी धरा की, दृष्टि से उसकी गहराई,
सृष्टि ने दृष्टि को मेरी, जाने क्यों बौनी ठहराई,
कच्ची साँसों ने बुन डाला, जीवन का ताना-बाना,
जब हृदय में रुदन भरा हो, किस पर कैसे क्या मुस्काना।

मन को भाया

मेरे मन की गहराई को, कौन कहाँ समझ पाया है,
ये कैसा रुदन मिला, जो रोते-रोते मुस्काया है।

माना चाह राह दिखाती, भूले भटके राही को,
मैं कैसे पर्वत कह डालूँ, क्षणिक कनिक सी राई को।
जहाँ नहीं जाना था मन को, तन वहाँ क्यों चल आया है,
ये कैसा रुदन मिला, जो रोते-राते मुस्काया है।

सकल विश्व को स्वामी मान, स्वयं का चाकर हो जा,
बहुत शोर किया संयत का, अब पगले गाकर सो जा।
कैसा चित्र उभर कर आया, मन को जो इतना भाया है,
ये कैसा रुदन मिला, जो रोते-रोते मुस्काया है।

इस भीड़ की रीढ़ नहीं, इधर-उधर जो झुकती है,
साँसों का सत्कार करे ना, उखड़ी साँस भी रुकती है।
दावानल भी बुझ न पाया, पानी मेघ ने बरसाया है,
ये कैसा रुदन मिला, जो रोते-रोते मुस्काया है।

चहलकदमी करते-करते, मैं तारों को छू लूँगा,
मुझे न पानी की चाहत है, अपने आँसू पी लूँगा।
मेरे भीतर भाव का सागर, हर घड़ी लहराया है,
ये कैसा रुदन मिला, जो रोत-रोते मुस्काया है।

मुझे न चाह धन दौलत की, दुनिया के घर भर जाने दो,
यही कहेगा हर कोई, देखो बहुत हुआ अब मर जाने दो।
कुछ पल के लिए आपने, मुझको यहाँ पर ठहराया है,
ये कैसा रुदन मिला, जो रोते-रोते मुस्काया है।

कैसा काँटा बोया

जब जीवन ने जलन जगाई, मृत्यु ने क्यों महत्त्व खोया,
नील गगन के अन्तःस्थल में, उसने कैसा काँटा बोया।

धवल पुष्प पर धारित्री ने, अपना है अस्तित्व बनाया,
चाहे जलती, ठंडी पड़ती, श्यामवर्ण सी मिली हो काया।
देखना पल भर में जागेगा, मौसम मानों वर्षों सोया,
नील गगन के अन्तःस्थल में, उसने कैसा काँटा बोया।

दुग्ध-धार का लाल हो जाना, कोई विश्वास नहीं कर पाया,
जिसे बहुत दूर था जाना, वो वापस क्यों घर को आया।
गले लगाके आज चन्द्रमा, सूर्य संग कितना है रोया,
नील गगन के अन्तःस्थल में, उसने कैसा काँटा बोया।

साँसों के सागर में उठतीं, लाख हिलोरें उन्मादी,
मुझको आके नहीं बताती, जाने क्या है उनको व्याधी।
भीगी आँखों की पलकों को, किस आग में जाके धोया,
नील गगन के अन्तःस्थल में, उसने कैसा काँटा बोया।

सुनते नहीं वे बीते युग की, जो-जो मैंने बातें कीं,
आग उगलते दिनों को मैंने, शीतलतम है रातें दीं।
इन तूफानों की बस्ती में, मैंने ही तो दीप है जोया,
नील गगन के अन्तःस्थल में, उसने कैसा काँटा बोया।

मन मलिन और तन सुन्दर हो, तन में तंत नहीं रहता है,
आसक्ति के साथ जिए तो, मनुज संत नहीं रहता है।
कैसे कह दूँ आज मैं जग से, आँसू से आगर है धोया,
नील गगन के अन्तःस्थल में, उसने कैसा काँटा बोया।

हिय से लगाया अंगारा

उस नदिया के पार न जाना, जिसका हरदम जले किनारा,
चाहे उसमें बहती रहती, कल-कल करती शीतल धारा।

धारित्री का धर्म न जाए, आकाश की पीड़ा पा के,
उजियारे की खिड़की से ही, हरपल क्यों अँधियारा झाँके।
आँसू का मोल बहुत है, वो चाहे हो कितना खारा,
चाहे उसमें बहती रहती, कल-कल करती शीतल धारा।

कृश काया चाहे मैंने पायी, पर चाल में तडित बसी है,
गन्तव्य की गर्म मुट्ठी, जाने मुझपे क्यों कसी है।
पैर मेरे थक गये भले ही, मन से मैं अब तक नहीं हारा,
चाहे उसमें बहती रहती, कल-कल करती शीतल धारा।

अँगारों को लिए गोद में, बर्फ न कब तक पिघलेगी,
गर्म हवा के झोंकों को वो, कब तक शीतलता देगी।
बर्फ समझकर मैंने अपने, हिय से लगाया अंगारा,
चाहे उसमें बहती रहती, कल-कल करती शीतल धारा।

साथ न रहने की पीड़ा को, मैं कहाँ लेकर जाऊँ,
माना छुई-मुई सा हूँ मैं, फिर भी क्योंकर मुरझाऊँ।
देख चुका मैं अपने घर को, अब देखूँगा तेरा द्वारा,
चाहे उसमें बहती रहती, कल-कल करती शीतल धारा।

जनम-जनम से ये संसार, बना हुआ है गरल गामी,
मैं शायद ठीक नहीं हूँ, कह दूँ उसको खल-कामी ।
मैंने हर पल देखा उसका, घटता बढ़ता चंचल पारा,
चाहे उसमें बहती रहती, कल-कल करती शीतल धारा।

पलकों पर बोझ

साथ न पाने की पीड़ा को, मैं कहाँ तक लेकर जाऊँ,
पीड़ा से परिपूर्ण ह्रदय पर, मैं गालों में मुस्काऊँ।

पलकों पर मेरे बोझ धरा है, तभी झुकी-झुकी रहती हैं,
सुनते-सुनते कान पक गये, फिर भी जुबां न कुछ कहती है।
वे समझकर नहीं समझते, किसको अब मैं क्या समझाऊँ,
पीड़ा से परिपूर्ण ह्रदय पर, मैं गालों में मुस्काऊँ।

चारदीवारी है टूटी-फूटी, द्वार स्वर्ण से मढ़ा हुआ है,
मन चाहता है डग भर लूँ पर, कदम न अब तक बढ़ा हुआ है।
स्वयं भीड़ में खो जाऊँगा, खुद को खोकर क्या मैं पाऊँ,
पीड़ा से परिपूर्ण ह्रदय पर, मैं गालों में मुस्काऊँ।

किस तीर्थ पर मिले देवता, तीरथ-तीरथ घूम रहा हूँ,
पाखण्डी विश्वास है लेकिन, उसी को लेकर झूम रहा हूँ।
आग को मैं पीता आया, किस बर्फ को अब मैं खाऊँ,
पीड़ा से परिपूर्ण ह्रदय पर, मैं गालों में मुस्काऊँ।

दिक् का दर्शन हो जाए तो, फिर किसको क्या पाना है,
वहाँ जाकर ठहर जाऊँ तो, और कहाँ फिर जाना है।
अब तो लगन एक ही मन में, उस ओर ही मैं धाऊँ,
पीड़ा से परिपूर्ण ह्रदय पर, मैं गालों में मुस्काऊँ।

सभी आग में जल रहे हैं, क्या धरती औ' क्या आकाश,
क्यों राख में ढेर हो गया, मुस्काता हुआ लाल पलाश।
शीतलता लिए फुहार अब, कहाँ से मैं कैसे लाऊँ,
पीड़ा से परिपूर्ण ह्रदय पर, मैं गालों में मुस्काऊँ।

भीड़ में अकेला

वहाँ का अँधियारा अच्छा, यहाँ का उजियारा प्यारा,
आँसू भी मीठे होते हैं, चाहे उनका जल हो खारा।

इस ओर की भीड़ में भी, था मैं कितना अकेला,
रुकने का जब मन बनाया, आ गयी चलने की बेला।
समय जो मुझको लाया था, निकला वही हत्यारा,
आँसू भी मीठे होते हैं, चाहे उनका जल हो खारा।

जानना चाहा जिस जगत को, है उसमें उलझन भारी,
या तो वो समझा न पाया, या थी मति मेरी मारी।
सूर्य को भी समझ बैठा था, तभी मैं धुँधला तारा,
आँसू भी मीठे होते हैं, चाहे उनका जल हो खारा।

तडित देखो इस गगन में, बौराती हर पल आयी,
तभी तो चंचला बन के, नील गगन में वो छायी।
तमतमाता देखा होगा, तुमने तब चेहरा प्यारा।
आँसू भी मीठे होते हैं, चाहे उनका जल हो खारा।

मान-अपमान का मिथ्या भेद, मन मेरा यदि भूल जाए,
समाधान के हिंडोले में, मुस्काता हुआ झूल जाए।
दिखेगा फिर उसके दर से, लगा हुआ मेरा द्वारा,
आँसू भी मीठे होते हैं, चाहे उनका जल हो खारा।

चाह थी नील गगन को, अब मुट्ठी में भींच लूँ मैं,
या पत्थर में गुलाब की, क्यारियों को सींच लूँ मैं।
ये दृश्य भी है पुराना, अब कौन कहे इसको न्यारा,
आँसू भी मीठे होते हैं, चाहे उनका जल हो खारा।

पीर का पहला चरण

जीवन में पीर का, अभी पड़ा पहला चरण है,
किसने कहा जीवन, जीवन नहीं होता मरण है।

मौसम को मधुमास मिला तो, पतझड़ भी उसने पायी,
उत्तंग शिखर से देख रहा, अँधियारी गहरी खाई।
मृत्यु से जीवन का हमेशा, होता आया हरण है,
किसने कहा जीवन, जीवन नहीं होता मरण है।

द्वार-द्वार पर दस्तक दी पर, द्वार किसी ने ना खोला,
मेरे थे, अपने थे सारे, मुझसे कोई नहीं बोला।
भाव-भावना से यहाँ, करता नहीं कोई वरण है,
किसने कहा जीवन, जीवन नहीं होता मरण है।

रिश्तों की गहराई में भी, छिछलापन है क्यों छाया,
मैं वहाँ पर दूर था बैठा, मुझे समीप तू क्यों लाया।
आजकल भावना का, इतना क्यों होता क्षरण है,
किसने कहा जीवन, जीवन नहीं होता मरण है।

मैंने भी गतिहीन होकर, धरा को धक्का दिया है,
पल भर में फिर उसी से, क्यों नाता पक्का किया है।
शायद इसी तरह पत्थर से, होता आया उद्धरण है,
किसने कहा जीवन, जीवन नहीं होता मरण है।

अब तो स्वयं को भूल करके, तुम्हें ही है याद रखना,
है कहाँ का न्याय ये की, स्वयं को आबाद लखना।
आजकल जाने मनुज का कैसा आचरण है,
किसने कहा जीवन, जीवन नहीं होता मरण है।

अंगारों पर नाची थी

इन्द्रधनुष के रंग उड़ेंगे, ऐसा मौसम आएगा,
धरती का क्या बिगड़ेगा, तू ही यहाँ तम पाएगा।

कल तक धरती अंगारों पर, थिरक-थिरक कर नाची थी,
सूर्य की ठण्डक को उसने, अपने मन से जाँची थी,
क्या पता था इस धरा को, अंगारा भा जाएगा,
धरती का क्या बिगड़ेगा, तू ही यहाँ तम पाएगा।

साथ समय का किसने पाया, बदला है न बदलेगा,
तूने उसको नहीं दिया कुछ, क्या तुझसे वो पा लेगा।
मुझे पता है चलते-चलते, वो कहीं खो जाएगा,
धरती का क्या बिगड़ेगा, तू ही यहाँ तम पाएगा।

दम्भ-द्वेष को लिए साथ में, कौन सुख से जी पाया,
वही धन्य है अंगारों को, जो पानी सम पी पाया।
फूल भार से दबने वाला, अब कैसे गिरि उठाएगा,
धरती का क्या बिगड़ेगा, तू ही यहाँ तम पाएगा।

अब तक की आपा-धापी में, खुद को भी न जान सका,
जब तक साथ रहा तेरा, मैं तेरा हुआ न मान सका।
पता नहीं था, हर पल हर घड़ी, वियोग तेरा सताएगा,
धरती का क्या बिगड़ेगा, तू ही यहाँ तम पाएगा।

दीन-धर्म का मोल रहा नहीं, दुनिया के बाजारों में,
मार-काट की बातें उठती, अपने निज विचारों में।
हमें पता है उजियारे को, अँधियारा नचाएगा,
धरती का क्या बिगड़ेगा, तू ही यहाँ तम पाएगा।

अंगारा बरसा

गगन से अंगारा बरसा, धरा से ज्वाला फूटी,
तभी मौत के आगे जिन्दगी, है कितनी रूठी रूठी।

जीव जन्म से जगता आया, चेतना की चाह लिए,
उसी राह वो चलती आयी, मन में अति उत्साह लिए।
जाने फिर क्यों चलते चलते, आज मेरी उँगली छूटी,
तभी मौत के आगे जिन्दगी, है कितनी रूठी रूठी।

भ्रम के मेघ मन में छाये, कहते मुझमें कितना पानी,
मैं ही जग में बलशाली हूँ, कौन हुआ है मेरा सानी।
उसे पता क्या जल भरी गगरी, पल भर में कैसे फूटी,
तभी मौत के आगे जिन्दगी, है कितनी रूठी रूठी।

मेरी जलन जग क्या जाने, जग स्वयं जलता रहता है,
कहता है मुझे रुकने को, जबकि स्वयं चलता रहता है।
शान्त जिससे पीड़ा हो जाए, कौन दे मुझे ऐसी घूँटी,
तभी मौत के आगे जिन्दगी, है कितनी रूठी रूठी।

मैंने मन को लाख मनाया, पर कभी नहीं वो माना,
माना उसमें अक्खड़पन था, पर मुझको वो नहीं जाना।
मुझको कोई मान न पाया, तनी साँसों की थी खूँटी,
तभी मौत के आगे जिन्दगी, है कितनी रूठी रूठी।

सोने के महलों में क्या है, बस सोने की दीवारें,
माटी की कुटिया मिली हमें, सुख-चैन की पतवारें।
कभी जिन्दगी, कभी मौत, हमसे क्यों ऐसे ऐंठी,
तभी मौत के आगे जिन्दगी, है कितनी रूठी रूठी।

काँटे बो दें

वह जीवन जीवन नहीं जो, बात बात में खुद को खो दे,
सुन्दर फूलों की बगिया में, बे बात ही काँटे बो दे।

अपने पर अधिकार नहीं पर, जीवन जाल कसा हुआ है,
भीड़ ने भरमाया अब तक, मन एकल में बसा हुआ है।
आँसुओं का मान बहुत जो, हँसते-हँसते आँखें धो दे,
सुन्दर फूलों की बगिया में, बे बात ही काँटे बो दे।

नृत्यशाला में नृत्य किया, फिर श्मशान से खुद को जोड़ा,
जीवन ने भी बात-बात में, जीने का दामन छोड़ा।
मनुज वही जो हँसे स्वयं पर, पीड़ा में जग की रो दे,
सुन्दर फूलों की बगिया में, बे बात ही काँटे बो दे।

चाल चले और समझ न पाये, चाहे चाल थी मतवाली,
भरी दोपहरी में हमने, लखी रातें काली-काली।
बिखरे मोती बहुत पड़े हैं, भावना में उन्हें पिरो दे,
सुन्दर फूलों की बगिया में, बे बात ही काँटे बो दे।

कल के स्वप्न सलोने थे, आज जीवन में कड़वाहट,
नवगीत जीवन में गूँजे थे, आज मृत्यु की है आहट।
धूल में मिलाने वाले को ही, माटी अपने मन से रौंदे,
सुन्दर फूलों की बगिया में, बे बात ही काँटे बो दे।

तिनके का न महत्त्व जाना, तभी कच्ची घर की दीवारें,
आया गरम हवा का झोंका, जले तिनके सारे बेचारे।
समय सेतु बाँधने आया, कितने टूटे घर-घरौंदे,
सुन्दर फूलों की बगिया में, बे बात ही काँटे बो दे।

सहज सौन्दर्य नहीं समझते, बदरंग उसे करते जाते,
आग पानी के मिलन को, नहीं सहज भाव से अपनाते।
सुन्दरता की सीमा अन्नत है, सुन्दरता से कैसे सौदे,
सुन्दर फूलों की बगिया में, बे बात ही काँटे बो दे।

आँखों में पानी

कभी आग को पानी समझा, कभी पानी को अंगारा,
मन का सीधापन कहिए, या कहो इसे तुम बेचारा।

भोलेपन का भाव न जाने, दुनिया की है नादानी,
इसको तो बस हँसते रहना, है आँखों में मेरे पानी।
कोई अपना डफ पीटता, कोई बजाता इकतारा,
मन का सीधापन कहिए, या कहो इसे तुम बेचारा।

सहज भाव से जीवन जीना, उनको रास नहीं आता,
जीवन उँगली थामे चलता, निकट उसे बिरला पाता।
आँसू-मोती मोल न बिकता, वो तो है बस जल खारा,
मन का सीधापन कहिए, या कहो इसे तुम बेचारा।

अक्सर साँसों के सौदे में, विकल भावना मर जाती है
जीवन की लड़िया कच्ची पर, बड़े काम वो कर जाती है।
अनजाना अक्सर हो जाता, नयनों का प्यारा तारा,
मन का सीधापन कहिए, या कहो इसे तुम बेचारा।

किसकी गोदी में सर रखके, जाने कहाँ तू सोया है,
दिन में मुस्कान लिए पर, रात-रात भर रोया है।
तू मुझको प्रिय बहुत था, मैं भी था तुझको प्यारा,
मन का सीधापन कहिए, या कहो इसे तुम बेचारा।

माना हम बिछड़ गये पर, मिल जाने का योग तो है,
चलो मरण रचना में भी, जीने का संयोग तो है।
समय के साथ क्यों बहे, समय चाहे अविरल धारा,
मन का सीधापन कहिए, या कहो इसे तुम बेचारा।

उस पार मिला

जहाँ आग ने खींची रेखा, ऐसा मुझको द्वार मिला,
वहाँ मुझे जलते हुए देखा, यहाँ अश्रु का हार मिला।

सबके हाथों में जाल है पाया, कोई न मुझ पर डाल सका,
पीड़ा मैंने मन में पाली, वो खुशियाँ नहीं सँभाल सका।
जलते हुए जीवन को जाने, अब कैसा व्यवहार मिला,
वहाँ मुझे जलते हुए देखा, यहाँ अश्रु का हार मिला।

आज सभा का आयोजन, यहाँ अपने और परायों का,
निश्चित आज ह्रास होगा, इन धुँधले-धुँधले सायों का।
वो न मिला इस ओर आज, जो कल था उस पार मिला,
वहाँ मुझे जलते हुए देखा, यहाँ अश्रु का हार मिला।

वो कहता सामने आकर, कोई तो उद्‌गार सुने,
अनगिनत जीवों के बीच, स्वयं को वो आकर चुने।
उसको मेरी मन की बातें, सुनने का आधार मिला,
वहाँ मुझे जलते हुए देखा, यहाँ अश्रु का हार मिला।

तुमने भी अब तक वर्षों से, कोई गीत नहीं गाया है,
इतनी दूर चलते-चलते, मैंने ही उसे दोहराया है।
दर्द को पिघलाने का मुझे, यही एक उपचार मिला,
वहाँ मुझे जलते हुए देखा, यहाँ अश्रु का हार मिला।

भाव लहरें मिल नहीं पायीं, है मन का सागर सूखा सा,
व्यवहार में मेरे कमी नहीं, क्यों मन उसका है रूखा सा।
क्या करें जग उसका लेके, जब अपना संसार मिला,
वहाँ मुझे जलते हुए देखा, यहाँ अश्रु का हार मिला।

अकेला मन मेरा गाये

यही आज तक अफसोस, मन मेरा अकेला गाये,
चाहे मुझमें समाई हों, संगीत की सारी विधाएँ।

इस धरा पर थिरक-थिरक के, दिशाएँ थक कर चूर हुईं,
जो खड़ी थी मुझसे सट के, जाने अब क्यों दूर हुई।
उनका दूर-दूर हो जाना, मेरे मन को कभी न भाये,
चाहे मुझमें समाई हों, संगीत की सारी विधाएँ।

परम प्रतापी पल होता है, बरगद आज जो बन बैठा,
तू उसको कभी समझ न पाया, फिर भी खुद पर है ऐंठा।
साँसों का मतलब यही है, अपने मन से आये जाए,
चाहे मुझमें समाई हों, संगीत की सारी विधाएँ।

तपन तेज हो धूप में वो, इसी से जानी जाती,
छाया का गुण उसे पता है, तभी उसे वो सहलाती।
कभी कभी पहचान पुरानी, कितनी बार हमें रुलाये,
चाहे मुझमें समाई हों, संगीत की सारी विधाएँ।

जन्म-जन्म का नाता देखो, आत्मा नहीं भूल पाती,
तन उसे जब-जब भी मिलता, मन में कभी न अकुलाती।
मूर्ख नहीं जो तुम कहते हो, माटी को माटी ही जलाये,
चाहे मुझमें समाई हों, संगीत की सारी विधाएँ।

अंगारों को तेज दिया तो, पानी को दी शीतलता,
आँसू चाहे दिये हों मुझको, तू क्यों आँखें अपनी मलता।
कुछ भी कह पर वो जग को, मन से अपने ही चलाये,
चाहे मुझमें समाई हों, संगीत की सारी विधाएँ।

जी से कभी न जी पाया

जरा के डर से जीवन में, जी से कभी न जी पाया,
मैं स्वयं खोया हुआ सा, खुद का कभी न हो पाया।

शंकालु मन टूटा तन हो, कौन उसे फिर अपनाये,
जो पीड़ा का राजकुँवर हो, गीत मिलन के क्या गाये।
जाने क्यों मरुथल में मैंने, खोजी थी शीतल छाया,
मैं स्वयं खोया हुआ सा, खुद का कभी न हो पाया।

तन के मिलन को मिलन समझना, जगती की है नादानी,
विभु बिसर के चली जाएगी, है वही बस इक ज्ञानी।
परम भाग्यशाली है वह, विभु ने जिसको अपनाया,
मैं स्वयं खोया हुआ सा, खुद का कभी न हो पाया।

मृग-मरीचिका के पीछे तू, कब तक ऐसे भागेगा,
पूरा जीवन निद्रासीन है, इक पल में क्या जागेगा।
कैसा बिरवा उगा आज, तू उगते ही जो मुरझाया,
मैं स्वयं खोया हुआ सा, खुद का कभी न हो पाया।

सुख-दुःख जहाँ रचे बसे हों, जीवन उसी को कहते हैं,
सुख थोड़े और दुःख ज्यादा, इस बस्ती में रहते हैं।
स्थूल उसी को समझ बैठा, जो थी धुँधली छाया,
मैं स्वयं खोया हुआ सा, खुद का कभी न हो पाया।

एक तार वीणा का टूटा, स्वर उसका अवरुद्ध हुआ,
जिसने उसको छेड़ा था, मुस्काया न क्रुद्ध हुआ।
समय की देखी सीनाजोरी, मन ही मन में मुस्काया,
मैं स्वयं खोया हुआ सा, खुद का कभी न हो पाया।

बन्धन क्यों ढीला होता

जिस बन्धन से बँधना चाहा, वो बन्धन क्यों ढीला होता,
हरित रंग को हाथ लगाते, जाने क्यों वो पीला होता।

ये जो नील गगन है ऊपर, उसने कई बार छला है,
जो सोने का छत्र था सर पे, पीतल में रह-रहके ढला है।
जो अन्तर तक सूखा सूखा, बाहर से क्यों गीला होता,
हरित रंग को हाथ लगाते, जाने क्यों वो पीला होता।

जो सकल किनारों को डुबो दे, पानी की धारा हो जा,
जिससे क्षुधा शान्त हो जाए, दहकता अंगारा हो जा।
जो फल मिला कसैला निकला, थोड़ा तो रसीला होता,
हरित रंग को हाथ लगाते, जाने क्यों वो पीला होता।

समय ने अपने पंख सुखाए, मेरे जीवन घाटों पर,
फिर मिलन को आतुर हो गया, डगर किनारों पाटों पर।
लाल लाल चेहरा उसका, कभी तो कुछ पीला होता,
हरित रंग को हाथ लगाते, जाने क्यों वो पीला होता।

मेरा दर्द मैं ही जानूँ, दुनिया इसको क्या जाने,
फिर भी मौन कुछ न बोले, देते तुम क्यों मुझको ताने।
कठोर बड़ा बर्ताव जगत का, वो कभी लचीला होता,
हरित रंग को हाथ लगाते, जाने क्यों वो पीला होता।

रंगीन दिशाएँ फुदक-फुदक, जब कालिमा में खो जातीं,
तिमिर को अपने गले लगाके, वो अँधियारे की हो जातीं।
उनका सूना-सूना जीवन, कभी तो रंगीला होता,
हरित रंग को हाथ लगाते, जाने क्यों वो पीला होता।

जंगल को जल दे

बदली का है क्या भरोसा, बरसे न बरसे वो चल दे,
सूखी धरती को न पूछे, गहरे सागर को जल दे।

बीज का अंकुरण होता तो, फल पाने की आशा करते,
जब बढ़ते-बढ़ते डाली सूखे, क्यों आँखों से आँसू झरते।
चाहता हूँ आशावान को, मनवांछित अब तू फल दे,
सूखी धरती को न पूछे, गहरे सागर को जल दे।

टूट-टूट के पत्ते गिरते, धरा ने कहाँ अपनाया,
जिस डाली से जुड़े हुए थे, बिछोह उसी से है पाया।
डाली तुझे त्यागती है तो, उस उपवन से तू चल दे,
सूखी धरती को न पूछे, गहरे सागर को जल दे।

धरा चाहे कितनी भी काँपे, गगन कभी न हिलता है,
ऐसा निर्दयी कठोर साथी, क्या कभी किसी को मिलता है।
ऐसे निष्ठुर के गालों पर, आज तू माटी मल दे,
सूखी धरती को न पूछे, गहरे सागर को जल दे।

जब बन्धन ढीले होते, बिखर जाता है ताना-बाना,
जो अनसमझ स्वयं न समझे, उसे भला क्या समझाना।
ढीले बन्धन से बचने का, थोड़ा सा उसको बल दे,
सूखी धरती को न पूछे, गहरे सागर को जल दे।

दे सकता है जो पास है तेरे, पर कभी क्या दे पाएगा,
आशंका है देते ही कहीं, किसी जाल में फँस जाएगा।
आज नहीं दे सकता न दे, मगर जरूर उसे कल दे।
सूखी धरती को न पूछे, गहरे सागर को जल दे।

मिलन गीत मैंने गाया

जाने मरुथल में मैंने, क्यों ढूंडी शीतल छाया,
क्यों श्मशान बीच बैठकर, मिलन गीत मैंने गाया।

स्वयं को सजते-सजाते, हम साथ कभी न चल पाये,
डर है समय के किसी मोड़ पर, उम्र कहीं न ढल जाए।
समय मुझमें रह-रहकर, जाने क्यों न ढल पाया,
क्यों श्मशान बीच बैठकर, मिलन गीत मैंने गाया।

लगी अगन तो मगन होकर, मल्हार मैंने गा डाला,
जब कोलाहल मचा भीड़ में, जिव्हा पर डाला ताला।
पता नहीं यहाँ आकर मैंने क्या खोया, क्या पाया,
क्यों श्मशान बीच बैठकर, मिलन गीत मैंने गाया।

जब बन्धन का बोध हुआ तो, विमुखता सम्मुख आयी,
जलती ज्वाल के तन मन पर, श्यामवर्ण बदली छायी।
अटपटा ये दृश्य है चाहे, मेरे मन को था भाया,
क्यों श्मशान बीच बैठकर, मिलन गीत मैंने गाया।

सावन सौदा गर्म हवा से, जाने क्यों करता रहता,
भरी नदिया में वो अक्सर, पानी क्यों भरता रहता।
मन ही मन में रोता रहता, मन कभी न मुस्काया,
क्यों श्मशान बीच बैठकर, मिलन गीत मैंने गाया।

चीत्कार दिशाओं से आयी, जिन्होंने दारुण दुःख देखा,
अपने मन के अंतःस्थल से, परायेपन को कब फेंका।
धरातल ने नीलगगन का, उड़ता हुआ दामन पाया,
क्यों श्मशान बीच बैठकर, मिलन गीत मैंने गाया।

मृत्यु का शृंगार किया

धूल का धर्म न गगन ने जाना, न जीवन को प्यार किया,
कई बार मृत्यु का मैंने, रह-रहकर शृंगार किया।

आग उगलती दिशाओं से, क्या शीतलता हम पाएँगे,
पानी के परिमल जलबिन्दु, क्या अंगारों में ढल जाएँगे।
अंगारों पर हवाओं ने जब, रह-रहकर उपकार किया,
कई बार मृत्यु का मैंने, रह-रहकर शृंगार किया।

तारों की क्या बात करें हम, जब नक्षत्र ही टूटे पाये,
गड्ढों की गहराई को भी, क्यों खूँटे कँटीले मन भाये।
गड्ढों ने गिरीशिखाओं से, क्यों ऐसा व्यवहार किया,
कई बार मृत्यु का मैंने, रह-रहकर शृंगार किया।

जहाँ उजालों ने चोरी-चोरी, अँधियारे का ग्रास किया,
जीवन है टूटा-टूटा सा, मृत्यु से सहवास किया।
मृत्यु को मेरे जीवन ने, तब जीने का आधार दिया,
कई बार मृत्यु का मैंने, रह-रहकर शृंगार किया।

कितने आहत मन देखे हैं, पर मान्यता मन की मैली,
आभाकिरण बात-बात में, दूर-दूर तक है फैली।
अँधेरे का अस्तित्व किरण ने, जाने क्यों इकरार किया,
कई बार मृत्यु का मैंने, रह-रहकर शृंगार किया।

मान का गान गाती दुनिया, अपमानों की बस्ती में,
मर्यादा भी बिक जाती है, जाने क्योंकर सस्ती में।
मर्यादा का मर्दन करके, किस का है सत्कार किया,
कई बार मृत्यु का मैंने, रह-रहकर शृंगार किया।

मैंने अपनी बेलि सींची

नील गगन की ऊँचाइयों में, मैंने अपनी रेखा खींची,
तुमने बरगद सींचे होंगे, मैंने अपनी बेलि सींची।

उस अगन का शमन करूँगा, जिसने मुझे जलाया है,
जलते अंगारों के भीतर, शीतल झरना पाया है।
हड़बड़ाहट में कभी उसने, अपनी दोनों मुट्ठी भींची,
तुमने बरगद सींचे होंगे, मैंने अपनी बेलि सींची।

वेगवान जलप्रवाह सर्प सा, फिर तीर पर विश्वास कैसा,
जब धरा ने मुझे न धारा, मेरे लिए आकाश कैसा।
गौरवगान गा गगन ने, कर लीं अपनी पलकें नीची,
तुमने बरगद सींचे होंगे, मैंने अपनी बेलि सींची।

एक सूर्य ने जन्मों से ही, सारे जग को गरमाया है,
छोटा बड़ा हर जीव मन में, फिर भी कितना हर्षाया है।
पा न सकोगे उसे कभी तुम, चाहे तुम्हारी उड़ान है ऊँची,
तुमने बरगद सींचे होंगे, मैंने अपनी बेलि सींची।

जंगल में जब आग लगी हो, एकान्त कहाँ तू पाएगा,
पता नहीं भाग्य फूल का, कहाँ वो खिल जाएगा।
जंगल राख में बदल जाएँगे, क्या बचेगी तेरी बगीची,
तुमने बरगद सींचे होंगे, मैंने अपनी बेलि सींची।

तपन स्वप्न में आ जाए, स्वप्न भी जलने लगता है,
जीवन पर कोई जोर नहीं, ठहरा हुआ चलने लगता है।
तभी तो ऊँचे गगन की छतरी, हो गयी अब कितनी नीची,
तुमने बरगद सींचे होंगे, मैंने अपनी बेलि सींची।

गले लगाया

मन की पीड़ा ही पीड़ा है, तन का तना क्यों कुम्हलाया,
मन का पागलपन पीड़ा को, हँसके अपने गले लगाया।

धधकते अंगारों में भी, पानी की चाहत जागी है,
क्षुधा शान्त होने से पहले, मरुथल छोड़ नहीं भागी है।
दर्द से अब दूरी क्यों हो, दर्द मेरा है माँ जाया,
मन का पागलपन पीड़ा को, हँसके अपने गले लगाया।

स्वप्न बेचकर जीवन पाया, मुझसे भारी भूल हुई,
पहाड़ सी सूनी जिन्दगी, पल भर में ही धूल हुई।
अन्तः शीतसागर का देखो, आज है कितना गर्माया,
मन का पागलपन पीड़ा को, हँसके अपने गले लगाया।

अब शीतलता जो पा जाए, ऐसा आग का भाग कहाँ,
स्नान पानी से करने वाले, कभी आग में आके नहा।
देख अगन अब हुई मगन, उसका मन भी भरमाया,
मन का पागलपन पीड़ा को, हँसके अपने गले लगाया।

तोड़ किनारे जो बह जाए, ऐसी तीव्र धारा हो जा,
बर्फ के सीने में पलने वाला, धधकता अंगारा हो जा।
कौन कल मिला यहाँ जो, जलती धारा धर पाया,
मन का पागलपन पीड़ा को, हँसके अपने गले लगाया।

उठापटक हुई गगन में, तारों ने पटकी खाई,
जाने ये है कैसी वेला, जो फूटी मटकी लाई।
ऐसा चमत्कार दुनिया में, कहाँ कोई कर पाया,
मन का पागलपन पीड़ा को, हँसके अपने गले लगाया।

आँसू से आँखें न धोयीं

कब नींद से जागा हूँ मैं, कब चैन से सो पाया,
आँसू ले आँखों में अपनी, कभी नहीं मैं रो पाया।

तालमेल का नाम है जीवन, ना घालमेल का है आदि,
मृत्यु भी सजधज के आ गयी, मैं खड़ा सामने अपराधी।
मृत्यु चाहे मुझे बुलाये, क्या उसका कभी मैं हो पाया,
आँसू ले आँखों में अपनी, कभी नहीं मैं रो पाया।

साँसों पर अधिकार जताया, कितनी बड़ी थी नादानी,
उसी पर बौराता रहा मैं, बनठन करके अभिमानी।
देख जीवन पर लगा दाग है, कहाँ मगर मैं धो पाया,
आँसू ले आँखों में अपनी, कभी नहीं मैं रो पाया।

सम्बन्धों की बातें करते, विच्छेदन की राह चले,
भावना का भाव न जाने, रह-रहकर बेचारी जले।
जीवन उन्मादी बन कहता, पल भर में लो मैं आया,
आँसू ले आँखों में अपनी, कभी नहीं मैं रो पाया।

कितने जीवन बीत गये, न जीने का जी बन पाया,
जलती भरी दुपहरी में, श्याम बन घन वो आया।
जलती धरा पर भला क्या, केसर कभी मैं बो पाया,
आँसू ले आँखों में अपनी, कभी नहीं मैं रो पाया।

अंगारों की ऋतुओं में अब, फूलों की वर्षा कैसी,
प्रतिपल जलते रहने की, ये परिपाटी है जैसी।
आँधी में टिमटिम करता, दीया में ही जो पाया,
आँसू ले आँखों में अपनी, कभी नहीं मैं रो पाया।

ख़ाक हैं छाने

ये कैसे लोग हैं जो, कदम-कदम पर ख़ाक हैं छाने,
जीने की जब चाह जगे तो, मरने की मन में ठाने।

पिछली बातें याद हैं करते, आगे की कुछ सोच नहीं,
पर्वत सा दुर्गम जीवन है, जीवन में क्यों लोच नहीं।
मैंने उनको लाख बताया, पर वे किसी की कब माने,
जीने की जब चाह जगे तो, मरने की मन में ठाने।

जाल बुनते औरों के लिए, मछली बन खुद फँस जाते,
जीवन के इस कीचड़ में वे, पत्थर बनकर धँस जाते।
क्यों बर्फ के ढेलों में दब, अंगारों को देते ताने,
जीने की जब चाह जगे तो, मरने की मन में ठाने।

अच्छा लगता है जब देखें, तारा बहती धारा में,
क्यों कहता है बैठ किनारे, चलते-चलते हारा मैं।
धो दूँ किनारे सागर के, क्या ऊँचे पर्वत के माने,
जीने की जब चाह जगे तो, मरने की मन में ठाने।

सागर की गहराई में भी, कितना उथलापन देखा,
गगन की ऊँचाई में भी, देखी थी धुँधली रेखा।
मेरी पीड़ा मुखर हुई तो, क्यों लगे तुम हर्षाने,
जीने की जब चाह लगे तो, मरने की मन में ठाने।

सम्बन्धों को हेर-फेर कर, स्वयं से मैं जुदा हुआ
लोगों ने फिर मारे ताने, कहने लगे मैं खुदा हुआ।
मेरा नाम सुनते ही फिर, क्यों लगे तुम घबराने,
जीने की जब चाह जगे तो, मरने की मन में ठाने।

दीप सा मैं जला

मन में साहस लेकर ही मैं, आज किनारे पर चला,
दीप ने जब धर्म छोड़ा, था दीप सा मैं ही जला।

मैं पथ का निर्माण करके, तुमको अब गलियारा दे दूँ,
धधकती धूप के आँगन में, चमकता एक तारा दे दूँ।
चमत्कार हुआ था जब, सूर्य बनकर मैं था ढला,
दीप ने जब धर्म छोड़ा, था दीप सा मैं ही जला।

आग की पहचान जलन से, जगत ने अक्सर की है,
मेरी ठण्डक ने ही मुझको, जलने की परिपाटी दी है।
यहाँ आके मैंने क्या पाया, मैं वहीं पर था भला,
दीप ने जब धर्म छोड़ा, था दीप सा मैं ही जला।

यहाँ आकर हर घड़ी मैं, स्वयं से बचता फिरा,
छलके आँसू न जाने तब, किस बन्धन में मैं घिरा।
बता नहीं सकता यहाँ, किस-किसने है मुझे छला,
दीप ने जब धर्म छोड़ा, था दीप सा मैं ही जला।

जो दिया था तुमने मुझको, यहाँ पर सब बाँट चुका,
सब रहे यहाँ हरे भरे से, मैं स्वयं को पाट चुका।
जाने किस दशा में मैं, मैं काँटों में था पला,
दीप ने जब धर्म छोड़ा, था दीप सा मैं ही जला।

रूप-रंग सभी मिले तो, माटी फिर भी माटी है,
नयनों के नीर से नित, नदियाँ बहती जाती हैं।
इसी नीर में नतमस्तक हो, मैं अब तक हूँ गला,
दीप ने जब धर्म छोड़ा, था दीप सा मैं ही जला।

पीड़ा में परिताप

तत्त्व में जब सत्व ना हो, तत्त्व को तब कौन माने,
दोनों एक वस्तु रूप है, अब मान ले मेरी जमाने।

पीड़ा से परिचालन होता, सृष्टि का मैंने देखा,
बीच में खींची है किसने, अब तक इनमें ये रेखा।
दुःख के सागर अनन्त, किसको कब मन से जाने,
दोनों एक वस्तु रूप है, अब मान ले मेरी जमाने।

मिलन सागर लहरों का, किनारे पर हमने देखा,
ये दृश्य देखा हमने, कंकर जब उसमें फेंका।
मेघ बिन गर्जन गगन में, क्यों लगे हैं अब छाने,
दोनों एक वस्तु रूप है, अब मान ले मेरी जमाने।

पीड़ा में यदि परिताप हो, पर्वत भी पिघल जाता है,
तपित चाँदनी का कण्ठ भी, लोहा तक निगल जाता है।
देखो पत्थरों को भी, फूल लगे अब धकियाने,
दोनों एक वस्तु रूप है, अब मान ले मेरी जमाने।

मानता नहीं मन मेरा क्यों, दोष कोई मन में होगा,
गर्म हवा के झोंकों को भी, चाँदनी में मैंने भोगा।
शीत-ताप दोनों ही अब, देने लगे मुझको ताने,
दोनों एक वस्तु रूप है, अब मान ले मेरी जमाने।

जिससे थी पहचान पुरानी, मैं उसको कैसे भूलूँ,
अनजान के वचनों पर, मैं अपने आप में क्यों फूलूँ।
मन मेरा आज मुझको, अपने मन से क्यों जाने,
दोनों एक वस्तु रूप है, अब मान ले मेरी जमाने।

मैं मुरझा जाऊँ

इन आँसुओं का उपकार बहुत, जिन्होंने हमें मिलाया,
जीवन चाहे ज़हर था, वो अमृत बन मन को भाया।

कल साथ रहा था अपना, आज मैं हुआ अकेला,
धरा का टुकड़ा ही सही मैं, मुझमें सारा गगन है फैला।
तभी तो गगन मेरे मन में धुली-कण बनके छाया,
जीवन चाहे ज़हर था, वो अमृत बन मन को भाया।

उस पनघट पर भीड़ बहुत है, पानी कैसे मैं लाऊँ,
मिले अगर पानी ना मुझको, मुझे पता मैं मुरझाऊँ।
तभी स्वयं को फिर आज, नदी तीर में ले आया,
जीवन चाहे ज़हर था, वो अमृत बन मन को भाया।

आँखों को जगने की आदत, मन कहता अब सोना है,
मृत्यु की बाँहों में झूलता, ये जीवन कितना बौना है।
जीवन ज्योत जलती रहे, संवेदन में क्या पाया,
जीवन चाहे ज़हर था, वो अमृत बन मन को भाया।

ध्वनियों के कोलाहल में, कौन कहाँ अब सुन पाते,
क्यों सुनूँ वे शब्द भला अब, अर्थ जिनके बदले जाते।
कानों को कोलाहल में, स्वर ताल डंक बन डस पाया,
जीवन चाहे ज़हर था, वो अमृत बन मन को भाया।

एकान्त के इस कोने में, अक्सर भीड़ बहुत देखी है,
जितनी देर रही यहाँ पर, पत्थर पर शीशी फेंकी है।
पाहन लिए मेरे सन्मुख, मगर कभी नहीं वो आया,
जीवन चाहे ज़हर था, वो अमृत मन बन को भाया।

घबरा गया मैं जीत से

छूट जाना मेरे लिए आसान नहीं अतीत से,
मैं अनभिज्ञ अनाड़ी हूँ, विस्मृति की रीत से।

हिलते-हिलते एक दिन, शाखा सूख कर टूट गयी,
जिस तने पर हुई पल्लवित, पल भर में ही रूठ गयी।
हार से लगता नहीं डर, घबरा गया मैं जीत से,
मैं अनभिज्ञ अनाड़ी हूँ, विस्मृति की रीत से।

कुछ तो तुमने कहा था, प्रतिवाद किया जिसका मैंने,
शब्दों की क्षमता थी मारक, जो तीर बन चुभे पैने।
मूर्ख हूँ जो माँग बैठूँ, सुख ही सुख मैं मीत से,
मैं अनभिज्ञ अनाड़ी हूँ, विस्मृति की रीत से।

हर पल बरसना स्वयं में, मेघ का सपना होगा,
उन्हें पता क्या मैंने अब तक, दुःखों को कितना भोगा।
मन करता है हो ना सामना, कभी बैर या प्रीत से,
मैं अनभिज्ञ अनाड़ी हूँ, विस्मृति की रीत से।

दम्भ अपना मैं सँभालूँ, मन खुद को कैसे सहेजे,
दर्द के दरबान निशदिन, मेरी ओर तूने है भेजे।
कभी पूछूँगा मैं, मेरी क्या चाहना इस नीत से,
मैं अनभिज्ञ अनाड़ी हूँ, विस्मृति की रीत से।

खामोशी में कानों ने, एक नया अवसाद है पाया,
मुझको दोष देते हो तुम, चला आया तुमने बुलाया।
हार के द्वार की पूछो, न राह अब अतीत से,
मैं अनभिज्ञ अनाड़ी हूँ, विस्मृति की रीत से।

यहाँ आग, वहाँ अंगारा

किस धरा पर धरूँ पैर मैं, यहाँ आग वहाँ अंगारा,
मन में मेरे भी आती है, मिले मुझे शीतल धारा।

जगती के हथकंडों का, मैंने पार नहीं पाया है,
कितना देखा, कितना ढूँढ़ा, तेरा द्वार नहीं आया है।
बैठ किनारे वैतरणी के, मैंने देखा मंझधारा,
मन में मेरे भी आती है, मिले मुझे शीतल धारा।

ठान लिया है मेरे मन ने, वही जो करना चाहे,
पथरीली मिले डगर या काँटों भरी मिली राहें।
चाहे बैरी हो जाए, आज मेरा ये जग सारा,
मन में मेरे भी आती है, मिले मुझे शीतल धारा।

अपने में ही लीन हो गयी, आज ये दुनिया सारी,
परमार्थ के ऊपर देखो, स्वार्थ पड़ा कितना भारी।
भाई का भाई यहाँ पर, बन जाता है हत्यारा,
मन में मेरे भी आती है, मिले मुझे शीतल धारा।

धन-दौलत को लक्ष्य मानकर हर कोई जीना चाहे,
मनुजता को घोट घाट कर खून उसका पीना चाहे।
कोई तो जाने द्वन्द्व-द्वेष का, क्यों इतना है वो मारा,
मन में मेरे भी आती है, मिले मुझे शीतल धारा।

इसका उससे, उसका इससे, नहीं रहा कोई नाता,
जो भी देखो बात-बात में, द्वन्द्व को है अपनाता।
उसे पता नहीं, कोई दोष है, उसका ही अब सारा,
मन में मेरे भी आती है, मिले मुझे शीतल धारा।

□□